天下文化
BELIEVE IN READING

哈佛商學院最重要的一堂課

你要如何衡量你的人生？

Family

Wealth

Position

Academic

Love

Career

Marriage

HOW WILL YOU MEASURE YOUR LIFE?

克里斯汀生、歐沃斯、狄倫——著
廖月娟——譯

In a world where publishing companies are disappearing ever more frequently, Commonwealth is thriving. As someone who studies innovation and corporate strategy, that level of success is very rare.

One reason why I admire Commonwealth Publishing Group so much is that in all of their work they go deeper than correlation. They don't offer up simple anecdotes as examples for others to follow. They focus on writing that is lucid, that helps explain the why behind success.

I'm thrilled to see them celebrate 35 years, and hope they celebrate another 35 more.

賀天下文化 35 週年

克里斯汀生

Clayton Christensen

在出版公司消失得愈來愈快的今天，天下文化仍然欣欣向榮。我長年研究創新和經營策略，在我看來，這樣的成功非常罕見。

我非常欣賞這家出版公司的原因之一是，他們不被表象所局限，而是致力於深入鑽研，他們不以簡單的成功故事譁眾取寵，而是以明晰的文字解析成功的道理。

很高興見證天下文化 35 週年之喜，祝願他們還有更多的 35 年。

這本書要比柯維的《與成功有約》更好讀。作者一方面不斷挑戰我們的思考，另一方面又為我們指點迷津。本書可謂當彼得・杜拉克遇上米奇・艾爾邦，神奇地將勵志書和企管經營書合為一體。——《商業週刊》（*Business Week*）

二〇一二年最令人期待的書（第一名）。——美國CNBC新聞台

這不只是一本勵志書。作者不是像強迫餵食般，告訴讀者要如何改善自己的人生，而是提供寶貴的工具，讓人自行設定有意義的人生旅程。

——《金融時報》（*Financial Times*）

本書是二十一世紀個人哲學力作。——《**富比士**》（*Forbes*）

如果你推薦這本書給家人和朋友，即使他們不從商，也會大大感謝你。
——《**哈佛商業評論**》（*Harvard Business Review*）

本書比商學院的教科書更重要。——《**赫芬頓郵報**》（*Huffington Post*）

本書可謂工作人的心靈雞湯，對剛要踏入職涯的年輕人特別有幫助。然而，如果你想要過著有意義的人生，也能從這本書得到不少啟發。
——《**出版家週刊**》（*Publishers Weekly*）

克里斯汀生讓我們得以洞視成長和創新的祕訣。
——安東尼（Scott Anthony）／創見研究所（Innosight Institute）亞洲營運部部長

增修版序

勇於面對人生的驚濤駭浪

克雷頓．克里斯汀生

我常跟人說，我很遺憾他們不能擁有像我這樣的工作。我不但能夠得天下英才而教之，還能研究對我而言重要的問題。雖然我從未想要舉世聞名，但我研究的一個概念，也就是破壞式創新，在全世界已廣為人知，引發很多討論，也有許多人拿來應用。這個理論描述一種產品或服務引進市場底層之後，接著無情地顛覆市場，最後取代產業本來的龍頭老大。

我因為這個理論而出名，因此很多人以為這就是我在哈佛商學院教授的最重要的一課。其實不然。我認為，最重要的一課該是每學期最後一堂課。在這堂課上，我請學生好好思考他們即將在人生做出的選擇：如何才能樂在工作？如何才能擁有圓滿的人生？以及在做選擇時，如何秉持誠正的原則？

或許你沒想到哈佛教授要你思考這些問題，然而這些問題的確需要計畫、策略與個人資源的謹慎使用。

不妥協的人生

我不知看過多少人走上了妥協的不歸路。你因為情勢所迫，不由得一點一滴地妥協，但這樣的妥協會侵蝕你的身心。我看過很多人接受了自己不喜歡的工作，為了追求名利，愈來愈無視家人和私人生活，最後甚至做出有違倫理的決定——以前，他們根本無法想像自己會這麼做。

人生的各個層面都必須依循原則，不只是有關工作或業務的決定。自從本書出版後，我得到極多的迴響，本書的共同作者也告訴我這本書對他們的衝擊。有些人真的依據本書的理念，徹頭徹尾改變自己的私人和工作生活。我在搭飛機就常碰到陌生人興高采烈地跟我分享他們的體驗——如何把書中理念付諸實踐，進而從工作和家庭生活找到更大的滿足和快樂。他們的分享也讓我感到無比的欣慰。

我真誠地希望本書能讓你勇於面對人生的驚濤駭浪，不要隨波逐流，以免漸漸遠離自己的原則和理想，最後連自己都不認識自己。坦白說，我這一生也遇見不少次強風巨浪，眼看著就要偏離自己設定的航道。但我下定決心，不管發生什麼，我都得咬緊牙關、挺過去，不改初衷。人生免不了考驗，然而我還是我，不會對這些挫折低頭，因此成為輸家。我也希望你能這樣。決定你要如何衡量自己的人生之後，就好好過自己的生活，以達成你的人生目標。

第一版序

人生三問

克雷頓．克里斯汀生

我在哈佛商學院授課。學期末最後一次上課的時候，我總會告訴學生，自己同班同學的近況。就像其他學校的畢業生，我們每五年辦一次同學會。每次相聚，總可以看到同學們近五年的縮影。學校會利用這個機會為活動募款，我們這些校友也很高興能共襄盛舉。會場鋪上紅地毯，並邀請知名人士蒞臨演講。前幾次的同學會，同學都踴躍出席。環顧四周，每個人無不打扮得時尚光鮮，似乎個個飛黃騰達，令人不禁覺得我們這一班真是天之驕子。

同學們也似乎都是職場贏家，大家擁有很棒的工作，有些在國外擔任要職，配偶大都長得比自己好看，不是帥哥、便是美女，每個人似乎都過著幸福、美好、令人豔羨的生活。

後來，漸漸出現了一些令人意想不到的事。不知為何，有幾位同學從此消聲匿跡。我打電話給他們或是問他們的朋友，才慢慢明白為什麼。

這些同學當中，有的已在麥肯錫或高盛這種名聲顯赫的企管顧問公司擔任主管，有的則已躋身《財星》五百大公司最高主管，有的創業有成，不少同學的收入高得令人咋舌。儘管他們的職場表現出類拔萃，很多人看起來卻只是強顏歡笑。

蒙上陰影的輝煌

職涯成功只是人生的表面，其實不少人都不喜歡目前的工作，婚姻生活也一團糟，很多人以離婚收場，有人甚至好幾年沒跟自己的孩子說過話，與孩子分別住在東西兩岸。我還聽說有位女同學自畢業至今，離過兩次婚。

在我眼裡，那些同學不只才智過人，而且為人正派。在畢業的時候，他們都立下偉大的計畫和目標，不只立志要在專業領域上大展身手，也希望擁有幸福、快樂的人生。但這一路走來，雖然工作順遂，家庭生活卻不知怎麼觸礁了。我可以感受到他們的尷尬，不知如何向其他老同學解釋。

當時我想，那可能是中年危機，人生難免會陷入低潮。但就在畢業二、三十年後的同學會上，我發覺問題愈來愈嚴重。班上一位同學因為涉入安隆（Enron）案而被關進牢裡。

哪裡出錯了？

印象中，我在哈佛商學院的同窗史基林（Jeffrey Skilling）是個好人，不但聰明用功，也很愛家人。他曾是麥肯錫管理顧問公司有史以來最年輕的合夥人，當上安隆公司執行長之後，年收入更高達一億美元。

他的職涯表現如此輝煌，相形之下，個人生活則黯淡無光：他的第一次婚姻以離婚收場。在安隆醜聞案爆發之後，我實在不敢相信他就是新聞報導中那個追逐金錢的巨鯊。安隆破產後，史基林因多項罪名被起訴定罪，包括詐貸、財務造假、證券詐欺等。

我不但為他的誤入歧途萬分震驚，更讓我驚愕的是，他竟然能搞出這麼大的醜聞。他的人生之路在哪裡出了差錯？

從菁英到罪犯

不只我的哈佛商學院同學對人生不滿，遭遇家庭不幸、工作瓶頸等問題，有人甚至成了罪犯。與我一樣獲得羅德獎學金*前往牛津大學就讀的同學，也發生類似困境。羅德獎學金的得主，不但學業成績優異，也必須在運動、政治或寫作等課外活動表現傑出，同時還要證明自己對社區有特殊貢獻。能當上羅德學者，顯然是全世界最優秀、最多才多藝的年輕人。

與我同獲羅德獎學金的同學共有三十二人，多年後有些同學一樣對人生感到失望。有一個同學甚至成為華爾街金融犯罪首腦，他透過內線交易，從金融市場捲走數十億美元，也就是《股市大盜》（*Den of Thieves*）一書的要角。另一個同學則因和未成年少女發生性關係被捕入獄。該少女曾在他的競選總部打工，而他已是三個孩子的父親。還有一個我非常看好的同學，我料想他將來必能成為大人物，事業、婚姻兩得意，沒想到他的事業後來岌岌可危，婚姻生活也很不幸，離了好幾次婚。

上面提到的同學應該想不到自己的婚姻會一敗塗地、與孩子形同陌路，更無法想像自己變成作奸犯科的壞人，面臨被捕入獄的命運。然而，他們卻不自覺走上這條悲慘之路。

我不想誤導各位。雖然部分同學的人生不如意，還是有不少人過著理想的生活。他們一直是我的榜樣。我們的人生還未結束，孩子的人生才正要開

---

*注：羅德獎學金（Rhodes Scholar）是世界級的獎學金，得獎者被稱為「羅德學者」（Rhodes Scholars）。此獎學金是世界上最難申請的獎學金之一，全球錄取率僅萬分之一。獲選者可前往英國牛津大學攻讀碩士或博士學位。

始，我們還是該好好了解人生有哪些陷阱及其成因，以為借鏡。畢竟人是脆弱的，很多人不免受到不好的影響，因此脫軌。

圓滿的人生策略

雖然我的人生也有不少波折，但到目前為止還算平順。在此，我得特別感謝我太太克莉絲汀，因為她的幫助，我才知道如何洞視未來。

當然，我不是要讀者做出和我們夫妻一樣的決定，以建立一個美滿的家庭，過著幸福、快樂的人生為目標，畢竟每個家庭都是獨一無二的，不能一概而論。我寫這本書的初衷，是想把我在企業管理的研究成果套用在人生規劃上，幫讀者創造圓滿的人生策略。

我在「如何建立成功的長青企業」這門課中，和學生一起研究經營管理的理論，探討管理工作的各個層面。這些理論闡述事情的原因和為什麼，學生了解之後，我們就把這些理論當作透鏡來檢視個案。我們從每一個理論來檢視一家公司過去何以會出現哪些問題或機會，並預測這家公司將來可能會遭遇的情況，再用同樣的理論來預測經理人應該採取什麼行動。

學生藉由這種討論方式，了解為何一個扎實的理論可以用來解釋各個組織層級的過去和未來：大者如整個產業、一家公司，小者如公司裡的一個單位，或是單位中的小組。

多年來，在學期末的最後一堂課，我總會描述我在商學院的同班同學有何遭遇，接著進一步討論組織中最基本的單位，也就是個人。透過這樣的討論，我們不只用企業做為個案，也開始探討自己的人生。

我年復一年帶領學生進行這樣的討論。我們探討的，不是希望未來會如何，而是探究課堂上學到的理論，是否可以用來預測將來會如何，包括什麼決定和行動會影響到我們的未來。多年來，我已進行過無數次這樣的討論，我的心得當然比任何一個學生來得多。為了公平起見，我想應該把我的了悟拿出來和大家分享。

在課堂上討論時，我會把我們研究的理論寫在黑板上，然後在旁邊寫下三個簡單的問題：

* 如何知道我的工作生涯可以成功、快樂？
* 如何知道我與配偶、兒女及與朋友的關係可以成為快樂的泉源？
* 如何知道我這一生會堅守原則，以免除牢獄之災？

這些問題聽起來很簡單，但我的同學當中很少人問這樣的問題，或許他們也曾思考過這些人生問題，卻已經記不得自己學到了什麼。

這麼多年下來，我一再發現課堂上討論的這些理論，不但可用來解釋企業的問題，也可用以審視人生的重要課題。我將在本書把我和學生發現的洞見和各位讀者分享。

* * *

二〇一〇年春天，在學期結束時，我不只在最後一堂課和學生討論人生，更受邀對哈佛商學院全體畢業生演講。這一年，有點不同於往年。站在講台上的我，因為化學治療的關係，頭髮幾乎掉光了。我向學生解釋說，我得了濾泡性淋巴癌，我父親即因此過世。然而，我很感謝上帝給我這個機會，讓我還能站在台上，講述我如何將所學的理論應用在自己的人生。

我提到人生最重要的事。以我個人來說，雖然正面對癌症這種重大疾病的挑戰，但每一個人、每一天都應該想想什麼是人生最重要的目標。那天，與學生分享我的想法，讓他們好好思索人生的方向，對我而言，實在是非常難得的經驗。

但我希望不只那天在哈佛商學院柏頓廳聽演講的畢業班學生知道我的想法，更希望廣大的讀者可以受益。於是我請兩個人來幫忙：一位是歐沃斯（James Allworth），那學期他是我課堂上的學生，也聽了我對畢業生的演講；另一位則是《哈佛商業評論》的總編輯狄倫（Karen

Dillon）。這兩位都對我的主題深感興趣。

我們來自老、中、青三代，有著完全不同的信仰和人生。歐沃斯最近才從哈佛商學院畢業，是個無神論者。我已升格當祖父，是虔誠的教徒，做過企管顧問，也曾創業，之後則一直在哈佛商學院任教。狄倫有兩個女兒，有二十年的編輯資歷。

這本書是我們三人同心協力完成的。我們希望本書提出的理論能幫助你檢視自己的人生，並讓自己過得更好。雖然我們用第一人稱來述說，也就是用我的聲音，就像我在對我的學生和我的孩子講述一樣，但歐沃斯和狄倫確實是本書的共同作者。

人生有很多問題既複雜又困難，我不敢保證本書可提供簡單的解答，畢竟每個人的人生都不同，你必須自己努力去找答案。我花了幾十年的時間才徹底了解自己的人生，這卻是我人生最值得做的一件事。我衷心希望本書提出的理論能幫助你，讓你豁然開朗，知道人生的路要怎麼走下去，並能果決地回答自己，要如何衡量你的人生。

前言

展翅高飛……

也許曾有幾十個人基於好心，
告訴你該怎麼生活、如何做生涯抉擇，或是讓自己快樂。
如果你走進書店的勵志書區，
也可發現一大堆教你如何改善生活的書。
但直覺告訴你，不是每一本書說的都是對的。
你要如何分辨哪些是好的建議，哪些是垃圾？

人生的挑戰從來就沒有簡單的答案。追求快樂與尋找生命的意義，可說是人生最古老的課題。自從幾千年前，人類就一直在思索自己存在於世上的理由。

令人覺得新鮮的是，現代思想家如何探討這個問題。許多自稱為專家的人為我們指點迷津。他們從困難的問題下手，為我們可能苦思一輩子都得不到答案的難題，提供速解之道，難怪人人趨之若鶩。

但這不是我寫作本書的用意。**人生很多根本的問題並沒有速解之道。但讀者可把本書探討的理論當成工具善加利用，以做出有利於人生的抉擇。**

十分鐘的會面

我最初發現這種工具的強大威力，是在一九九七年，即將出版我的第一本書《創新的兩難》之前。那時，我接到英特爾總裁葛洛夫（Andy Grove）打來的電話。葛洛夫聽過我早先以「破壞性創新」為題發表的論文，希望邀請我到聖塔克拉拉（County of Santa Clara）聽我解釋相關研究，看他的最高團隊是否可將這個理論應用在英特爾的經營管理上。

當時，我還是個新科教授，葛洛夫的邀約令我雀躍不已，隨即依照約定時間飛往矽谷，準時在英特爾現身。沒想到葛洛夫對我說：「真不好意思，公司臨時出點狀況。我們只有十分鐘的時間聽你講述。請你告訴我們，你的研究對英特爾有何助益，讓我們可以著手進行。」

我答道：「對不起，我辦不到，我對英特爾的認識幾乎是零。我能做的只是說明我的理論，然後把這些理論當做一面透鏡來檢視英特爾。」我接著畫了一張圖來解釋。我說，一個競爭者以低價產品或服務切入市場，業界大廠本來認為這只是二流產品而不以為意，但競爭者利用科技或商業型態持續改善，最後得以滿足消費者的需要，成功開拓市場，此即破壞性創新。

追求快樂與生命的意義，
可說是人生最古老的課題。

我說了十分鐘後，葛洛夫不耐煩地打斷我的話：「好，我已經了解。你只需要告訴我這對英特爾來說有什麼意義。」

我說：「對不起，我還是沒辦法。我必須用一個完全不同的產業來解釋，你才能想像那是怎麼一回事。」於是我以紐柯（Nucor）等迷你鋼鐵廠為例，說明這些小廠如何以破壞性創新撼動業界。這些迷你鋼鐵廠以鋼筋或強化鋼筋這類最低階的產品進入市場，然後漸漸往上提升，最後連高階的鋼板產品都能在市場占有一席之地，就這樣步步進逼，終於迫使傳統大鋼鐵廠瀕臨破產。

想什麼 vs. 怎麼想

當我說完迷你鋼鐵廠的故事後，葛洛夫說：「我知道了。對英特爾……」他接著說，可見他們首先必須瞄準市場的最底層，也就是推出低價的賽揚處理器（Celeron）。

自從和葛洛夫談過之後，我想過無數次：如果我直接告訴葛洛夫，他應該怎麼做微處理器的生意，他反而無法掌握我所說的重點。但我只是點到為止，告訴他應該往哪方面去想，也就是怎麼思考，他最後反而靠自己做出了大膽的決定。

聽聽理論怎麼說

與葛洛夫一談，也改變了我回答問題的方式。如果有人問我某個問題，我很少直接回答。反之，我會利用一個理論，不斷思考這個問題，如此一來，我就可以知道，如果依照那個理論，會有什麼樣的結果，並與其他方式得到的答案做比較。接著，我再解釋，這種思考方式對他們的問題有何幫助。我擔心他不了解，因此會用另一個完全不同的產業或情況來描述。一般而言，他們會說：「好，我懂了。」接著，他們就可以自己去找答案，而且更具洞見，更能切中問題核心。

好的理論不會只能運用在一些公司或一些人身上。好的理論應該適用於各種情況，可以解釋什麼現象是什麼原因造成的，並告訴你為什麼。例如，與葛洛夫見面一年後，我接到國防部長柯恩（William Cohen）打來的電話。他告訴我，他剛讀了《創新的兩難》。「你能來華盛頓一趟嗎？我和幕僚想跟你談談你的研究。」對我來說，這真是千載難逢的機會。

我本以為柯恩部長口中的「幕僚」是一群少尉或大學實習生。我走進國防部會議室才發現，坐在第一排的是參謀首長，後面則是陸海空三軍部長，再後面則是他們的部屬，包括副部長和次長。這樣的排場讓我目瞪口呆。柯恩部長說，這是他第一次把直屬部下全部找來。

接著，部長請我講述我的研究。我用的簡報正是上回去英特爾放給葛洛夫看的那一套。於是，我開始解釋何謂破壞性創新。我才講完迷你鋼鐵廠如

好的理論不但可以
幫助我們分類、解釋，
更可預測未來。

何用低階產品切入市場，薛爾頓將軍（General Hugh Shelton）就打斷我的話。

他說：「你應該不知道我們為什麼對這個理論感興趣，」他指著投影片上的圖表，「這個市場最高階的產品就是鋼板，對吧？對我們來說，那就是蘇俄，但他們不再是我們的敵人。」他指向市場最低階的產品，也就是鋼筋，然後說：「我們的鋼筋就是各地的警務計畫和反恐任務。」就像迷你鋼鐵廠從市場底層切入，逐漸撼動大鋼鐵廠，他憂心忡忡地說：「到目前為止，我們只專注在高階那端，也就是過去的蘇聯，低階的部分做得太少。」

資料愈多愈好？

我終於恍然大悟，知道他們為什麼請我來這裡。他們想討論如何在現有的部門架構下，對付日益猖獗的恐怖行動，而不必成立一個全新的反恐組織。那些參謀首長後來決定在維吉尼亞的諾福克軍事基地，將大西洋總部改編為聯合部隊司令部（Joint Forces Command）。從九〇年代末以來，這個司令部可說是美軍的「變革實驗室」，負責全球反恐策略的發展與部署。

表面上看來，電腦處理器市場的競爭和全球恐怖行動的蔓延，似乎完全不相干。然而從根本來看，問題是一樣的，只是情境不同。好的理論不但可以幫助我們分類、解釋，更重要的是，可讓我們預測未來。

一般人常以為，預測未來最好的方法就是在決定之前蒐集資料，資料愈多愈好。但這就像開車看後照鏡一樣——我們蒐集到的資料往往只關於過去。的確，我們可以把經驗和資訊當作良師，然而，**有時從經驗學習，代價未免太大。你不一定得結過好幾次婚，才知道如何當一個好丈夫或好妻子；你也不必等最小的孩子長大成人，才知道如何做個好父母。**這就是理論的價值：在你有實際經驗之前，即可利用理論得知未來會如何。

深入因果機制

以人類飛行史為例，最早的研究者觀察到飛翔與翅膀的關聯。早在幾百年前，已有人把像翅膀的東西綁在手臂上，嘗試飛翔。他們以為只要像鳥一樣有羽毛和翅膀，就可以飛了。於是，他們從教堂頂端一躍而下，拚命鼓動翅膀……最後摔得粉身碎骨。會有這樣的錯誤，是因為當時的人不了解飛行最根本的因果機制為何。

真正的突破不是人類知道如何做出更好的翅膀，或是使用更多的羽毛，而是十八世紀荷裔瑞士數學家伯努利（Daniel Bernoulli）《流體力學》（*Hydrodynamica*）一書的問世。他在一七三八年提出伯努利定律，這個理論運用到飛行上，就可解釋升空的概念。於是，世人知道的不只是關聯性（翅膀和羽毛），而是因果關係（升空）：機翼上方的空氣壓力小於機翼下方的空氣壓力，加上機翼與水平面夾角產生的向上分力，飛機才得以在空中飛行。現代飛行可追溯到這個理論的發展與運用。

然而，即使我們有了突破，知道怎樣才能飛，離安全可靠的飛行還有一段長遠的路。飛機失事時，研究人員不斷探究原因：「這次失事是特別原因造成的，如強風或大霧？或者是飛機飛行的角度出了問題？」研究人員精密分析之後，研擬出機師可以依循的安全飛行準則。這就是理論運用的里程碑：即以「如果……則……」的陳述提供建議。

快樂人生之鑰

我們如何運用理論找到人生的快樂？

簡單的答案總教人趨之若鶩，例如把翅膀綁在手臂就可以飛了。如果你看到《輕輕鬆鬆年賺一千萬》或《成功婚姻的四個法門》這樣的書，應該會很心動，而且希望作者說的全是真的。然而，這種書多半只是一連串的軼事或奇聞。**如果你想克服人生的挑戰，必須深入了解什麼樣的因會導致什麼樣的果。本書探討的理論將可使你做到這點。**

本書利用哈佛商學院等頂尖大學所做的研究，而且研究結果已經由全世界各個大小機構嚴謹地驗證過。

我們不只可用這些理論來解釋各種情況下的行為，也可用來解釋不同的問題。以最複雜的問題而言，不是找出可供運用的單一理論就可解決的，常常需要用到多重理論。以飛行為例，儘管伯努利的理論是項重大突破，還需要對重力和阻力有相當的了解，才能說明飛行的原理。

用多個理論看問題

本書每一個章節都以某一個理論為主軸，說明如何用這樣的理論因應某種挑戰。

然而，就像我們對飛行的了解，**人生有很多問題不是用單一理論就可以解決的**。因此，我在後面的章節將理論與挑戰互相搭配，正如我和學生在課堂上討論的方式。**請各位讀者不時回到前面章節，以從多個理論的角度來剖析問題。**

這些理論都是威力強大的工具。我大都已在自己的人生運用過。有些則是我希望自己為某些問題苦惱的年輕歲月，若有幸嘗試過，或許就不會那麼煎熬了。

沒有理論，我們猶如沒有羅盤導航，在茫茫大海中漂浮。如果我們看不到遠方，那就只能靠運氣，也就是隨波逐流。好的理論可指引我們，讓我們做出抉擇——不僅可用於商業或管理，也可運用在人生。

＊　＊　＊

你在做人生的重要決定時，或許會根據自己過去的經驗，或發生在別人身上的事。

當然，我們必須盡可能從過去學習，參考學者的研究以及別人的經驗談，以了解我們將面對什麼樣的問題。然而，最根本的挑戰在於：邁向未來時，我們應該接受什麼樣的訊息和什麼樣的忠告？又該忽略什麼？反之，你可以運用扎實的理論來預測未來，並大大提高成功的機率。

本書理論根源於我們對人類行為的了解——什麼樣的原因會造成什麼樣的結果，以及為什麼？全球許多組織已嚴謹地驗證過這些理論，並付諸實踐。每天必須做種種決定的你，也可以試試看。

PART

1

發現生涯之樂

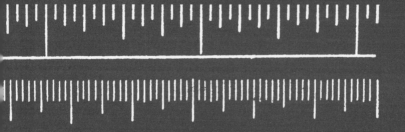

只有相信你做的是偉大的工作，你才能獲得真正的滿足。只有熱愛你的工作，你才能做出偉大的工作。如果你還沒找到你愛的工作，那就繼續尋找，不要妥協。這就跟感情的事一樣，找到的時候，你自然會知道。

——史蒂夫．賈伯斯（Steve Jobs）

你十歲的時候，也許有人曾問，你長大之後要做什麼。似乎什麼都有可能：太空人、考古學家、消防隊員、棒球選手，或是美國首任女總統。你只是覺得，做什麼可以獲得真正的快樂，就決定那是自己的志願。對你而言，人生充滿無限可能。

然而，從小到大不斷朝著既定目標邁進，做自己覺得真正有意義的工作，這樣的人似乎少之又少。不知有多少人，隨著年歲增長，也漸漸遺忘過去的夢想。儘管走錯行，我們還是過一天算一天。我們向現實低頭，認為選擇自己真正所愛的工作是不切實際的。

不向命運妥協

有很多人踏上妥協之路，就不再回頭了。但你是否想過，你醒著的大部分時間都是在工作，而且是做你不喜歡的事，難道不覺得這樣的妥協使你漸漸失去自我？

其實，你不必向這樣的命運投降。

我大學畢業之後，在職場上工作多年，最後才發現，我最想做的事就是回學校教書，教育下一代的年輕人。有很長一段時間，我根本認為這是不可能的事。然而至今我仍深愛這樣的工作，不曾再想過轉換跑道。每天，我都感謝上蒼，覺得自己好幸運。

我希望你也能有這種感覺：每天早晨一睜開眼睛，為了可以做自己喜歡的事而欣喜。在接下來的幾個章節，我們將建立一個策略，讓你也能愛上工作，並樂在其中。

如何愛上工作？

什麼是策略？簡單來說，策略就是你想達成的目標，以及如何達到這樣的目標。在企業界，這是多個因素影響的結果：包括對一家公司而言，其輕重緩急為何、如何因應機會或對手的威脅，以及如何分配公司寶貴的資源。

如果要開創、發展一個策略，上述幾點都必須考慮在內。

生涯策略也是如此。對於工作，每一個人都有自己的打算，同時也會面臨無可預期的機會或威脅。我們要考慮資源的分配，如時間、才能和精力等，才能決定採用什麼樣的策略。有時，我們採取的策略與我們的意圖不謀而合，但人生常常事與願違，尤其是工作。

要解決這樣的問題，不是以原始計畫為本，剷除計畫以外的一切就可以了。在無可預期的機會和威脅當中，我們總是有更好的選擇，而且並不在原始計畫之中。我們的策略就在去蕪存菁，找出更好的選擇，善用資源，使原來的計畫好上加好。

以下章節的重點，就在引導你思考：「我要如何從工作生涯找到快樂？」

建構可行的策略

我們要從優先順序的討論做為起點。其實，這就是決策的核心條件：**對**

你的工作生涯而言，你覺得最重要的是什麼？但問題在於，你覺得最重要的不一定等於讓你快樂。更糟的是，我們發現兩者差距甚遠時，已經太晚了。為了讓你避免這樣的錯誤，我想先討論真正能激勵我們的因素是什麼，讓我們能充滿熱情地工作。

接下來，我想簡要地說明，如何一方面找尋自己所愛，另一方面又能面對無可預期的機會與挑戰。雖然有人主張未來五年的生活都得妥善計劃，有人則傾向走一步算一步，認為船到橋頭自然直，到時候看著辦就好了。其實，這兩種策略都可以派上用場，視時機和地點而定。我將以我們的研究為基礎，解釋什麼時候該仔細計劃、什麼時候該隨機行事。

最後一個要素則是執行。我們唯有投入寶貴的資源，策略才得以執行。光有好的意圖還不夠，如果你不花時間、金錢，投入你的心血，所有策略都只是空談。

人生在世要做的事很多，往往有分身乏術之感，你如何決定哪些事該投入資源？**有很多人看什麼事最緊急，就把時間花在上面，或是把心血注入在**

最快得到回饋的事。這都是我們在建構策略時必須小心的陷阱。

策略的建構必須考慮上面提到的種種要素，包括決定輕重緩急、在計畫與機會之間取得平衡，以及資源的分配。這是個不斷持續的過程，即使在你的策略開始成形時，你也會學到新的東西，遇見新的問題與挑戰，然後使你得到回饋，就這麼一直循環下去。

如果你能了解並掌握這種策略形成的過程，就有很大的機會可以成功，也就是找到你真正熱愛的工作。

即使你沒能當上太空人，也了無遺憾。

①

如何讓你的熱情燃燒？

如果要談快樂，但是不了解如何讓人的熱情燃燒起來，
再怎麼談也是空談。
我們發現自己工作得不快樂，甚至活得不快樂，
身陷於痛苦的泥淖中，
常常是因為我們不知如何激發好的動機。

我和幾位麻省理工學院教授創立CPS科技公司初期，曾就所謂的工作動機想了又想，最後才恍然大悟。我記得有一年夏天的星期六，我們在實驗室附近的公園舉辦員工野餐，也歡迎員工帶家人來參加。野餐沒什麼特別的，我們只是希望藉此了解員工的生活。

每一個人都到了之後，我站在一旁想了解誰是誰的家人。我從眼角瞄到在實驗室工作的研究員黛安娜、她的先生和兩個孩子。他們看起來玩得很開心。黛安娜是位分析化學家，也是實驗室的核心人物。她的工作是幫其他研究人員利用公司的設備，分析他們正在研究或製造的化合物中的元素。

員工教我的一堂課

黛安娜的團隊裡還有二十來個研究員，每一個人都在焦急地等待結果，每一個人都希望自己手中的案子可以排第一個。但他們急，黛安娜更急，她想幫每一個同事，我們只是家剛起步的小公司，無法不斷地購買設備。現實是：機器是有限的，黛安娜一天只能工作十小時。結果，她總是為了應付同事的需求而焦頭爛額。

但是那一刻，我看到的黛安娜和工作時的她截然不同。她和先生無限愛憐地看著孩子，這一家和樂融融的樣子讓我很感動，我這才看到黛安娜生活的全貌。她不只是科學家，也是人母、人妻，她的心情、她的快樂、她的自我價值對整個家庭都有很大的影響。我開始想像這一家清晨起床的情景，黛安娜如何和家人說再見，然後來公司上班。

我接著想像十個小時後，她下班回家時的情況，特別是難熬的一天終於結束之後。她心中或許有無限感慨，覺得在工作崗位上沒人感激她的付出、挫折感很大、不受重視，而且沒能學到多少新東西。我想，晚上她和先生、孩子相處必然會因工作不順受到影響。

我腦海中的情境又快轉到另一幕：有一天，她忙著做實驗，忙到不可開交，到了下班時間，她還想留在公司，又想早一點回家和親愛的家人在一起。最後，她還是決定回家。

那天傍晚，她開開心心地開車回家，覺得自己在工作上備受尊重，學到很多東西，而且因表現優秀而受到老闆和同事稱讚，公司有幾個大案子因為她才得以順利完成。我想，那天她的丈夫和孩子也能感染到她的好心情。不難想像，她第二天上班必然神采飛揚，幹勁十足。

這是非常深刻的一堂人生課程。

世界是因為誘因才不停地轉動？

六年後，我當上新科教授。我在哈佛商學院的教室裡教授一門「科技與營運管理」的課程。這是所有MBA一年級學生的必修課。有一天，我們以一家大型材料公司做個案研究。有個學生建議請該公司最重要的一個客戶一起來解決衝突的問題。

她說，該公司可指派一個名叫布魯斯．史蒂芬斯的工程師來負責此事。史蒂芬斯是公司的核心幹部，當然還要承擔原來的任務。我問她：「如果布魯斯只要負責解決問題，其他事都不必做，那就合理。但他原來要做的事已經很多，還要優先處理這個問題，會不會太強人所難？」

「那就給他誘因，」她答道。

「哇！答案真簡單。妳想到什麼樣的誘因嗎？」我問。

「如果他如期完成，就給他一筆獎金，」她說。

「問題在於他還肩負其他責任，」我說：「如果他優先處理這個額外的問題，原來的工作必然會耽擱。妳該怎麼辦？如果他再努力工作，完成原來的任務，是不是要再給他另一筆獎金？」我指出這個個案對布魯斯的描述，顯然他是個很拚命的人，經常每週工作七十個小時。

學生說，對，她就是決定以另一筆獎金來激勵他。我又問這個學生：「如此一來，公司其他員工都看到妳給布魯斯獎金。如果妳要他們做一樣的事，他們難道不會要求類似的待遇？最後會變得如何？妳希望員工每達成一項任務，就付給他們酬勞嗎？這種獎勵系統不就會變得零碎？」

我再指出一點，這家公司的工程師即使沒有特別誘因，每天都很賣力工作。我說：「他們似乎熱愛自己的工作，不是嗎？」

另一個學生又說：「我認為給布魯斯獎金當作誘因，並非好的做法。這和該公司的政策相抵觸。只有一般經理人可以用工作績效來給付報酬，因為這個層級的管理工作包括營收和支出。在經理人底下工作的員工只能負責一部分工作，人人分工合作，如果給工程師特別的獎金酬勞，將使職場的和諧與平衡遭到破壞。」

我說：「你是說，在這家公司，有很多資深主管過去是工程師。在他們當工程師的時候，他們似乎能從工作本身得到激勵，不需要獎金的誘因，對不對？後來呢？這些工程師當上主管之後，是不是就變成另一種人，如果沒有獎金這個誘因，就失去工作動力？是不是這樣呢？」

那天，我們繼續討論下去。我可以感覺到我和一些學生有很大的差距。在他們的世界，誘因似乎是世界得以不斷轉動的動力。至於我，我和黛安娜

很多人以薪水
為首要條件選擇工作，
最後卻恍然大悟自己走錯行了。

等同事好像是另一個世界的人。

為何我們和這些學生的認知會有這樣的差異？答案就在誘因和動機中間那道深淵，這兩種概念猶如兩大敵對陣營。

付多少錢，做多少事

一九七六年，簡森（Michael Jensen）與梅克林（William Meckling）這兩位經濟學家共同發表了一篇論文，被誘因派奉為圭臬。過去三十年來，這篇文章成為全世界被引用最多次的論文。

簡森和梅克林在文中提出誘因理論（又稱代理理論*）：為什麼經理人在營運的時候不考量股東的最佳利益？簡森和梅克林認為，根本的原因在於你付多少錢給他們，他們就做多少事。

解決之道就是使經理人的利益和股東的利益相連。如果公司股價上升，經理人也能獲得較高的酬勞，股東和經理人都高興。雖然簡森和梅克林沒特別討論好到令人咋舌的薪資福利條件，他們的確提出金錢誘因，以督促經理人達成某些目標。然而，自此有很多人高舉「誘因連結」的大旗，認為要激勵經理人，使他們有卓越的表現，應當給予巨額薪酬。

工作是為了金錢還是理想？

信奉這個理論的不只是我的學生，很多經理人也採納這種看法，認為要員工專心做好一件事，就得以獎金做為誘因。這不是很簡單嗎？結果如何也可以衡量。如此一來，你就可以把管理簡化成一個公式。即使是父母教養子女，也知道如何利用這套獎勵辦法，激勵子女用功。例如小孩每次考一百分，父母就給多少錢當作獎金。

一個理論是否可靠，最好的檢驗方式是找出一些反常的例子，也就是該理論無法解釋的現象。還記得前一章提到鳥、羽毛和飛翔的故事吧？研究飛行的先驅最初分析飛行時，或許已經發現一些無法用自己的理念或理論解釋的事。例如，鴕鳥有翅膀和羽毛但不能飛，蝙蝠有翅膀、沒羽毛，卻能飛來飛去。鼴鼠既沒有翅膀，也沒有羽毛……卻也能在樹枝間飛翔。

就誘因理論而言，問題在於無法解釋一些明顯異常的例子。例如，在這個地球上，有些最努力工作的人是在非營利機構或慈善組織服務。他們的工作有時艱難得教人難以想像，如深入災後重建地區，幫助饑荒或洪水肆虐的國家。如果在私人部門服務，他們應該是高薪族，但在非營利組織，他們所得甚少。然而，我們很少聽到這些非營利組織的經理人抱怨工作人員動機缺缺，沒有幹勁。

你或許會說，這些工作人員是為了理想在工作。除了非營利組織，軍方

---

*注：代理理論（agency theory），研究委託人與代理人利益發生矛盾時，如何設計合同，以激勵理性的代理人按照委託人的利益行事。

也吸引不少人才，這些人願意為國服務，同樣也不是看在錢的份上。其實，軍方絕非待遇優厚的工作，但在很多國家，包括美國，軍方是最有效率的組織，很多在軍方工作的人都得到很大的成就感。

如果這些人不是為了錢而工作，我們如何解釋他們的工作動機？

除了誘因理論，我們還可研究一下所謂的「雙因素理論」（two-factor theory）或稱為動機理論。動機理論和誘因理論不同。雖然動機理論認為你可以一再地用錢達到目的，使人照你的話去做，但那是誘因的作用，不是動機。如果一個人做一件事是發自內心想要去做，這就是動機。動機當然不全是好的，也有壞的。

更好的動機理論

關於動機理論，論述最為深刻的莫過於心理學家赫茲伯格（Frederick Herzberg）。赫茲伯格在《哈佛商業評論》發表了一篇非常具創見的文章，談的正是動機理論。雖然他是寫給企業界人士看的，但他發現動機理論也能使所有人受益。

赫茲伯格發現，一般人總認為工作滿意度是個巨大的連續體，就像光譜一樣，一端是非常快樂，另一端則是非常悲慘。其實不然，在我們心中，滿意和不滿意是可以分開、獨立的。例如，你對你的工作可能又愛又恨。

也就是說，在這個理論中，包含兩種完全不同的因素：一種是保健因素（**hygiene factor**）*，另一種則是動機因素（**motivation factor**）。

工作中的某些因素如果出了問題，就會讓我們覺得不滿意。這就是所謂的保健因素，如地位、薪水、工作是否穩定、工作環境、公司政策和管理法

***注**：保健因素的滿足對員工產生的效果，類似衛生保健對身體健康的作用。保健是指從環境中消除有害健康的事物，雖不能直接提高健康的水準，但有預防疾病的效果。

則等。

如果你們公司的經理不會為了一己之利操縱你，要你做這個、做那個，不是你份內的事不會叫你負責，這樣的工作當然比較健康。**要是工作環境不健康，就會使人痛苦、不滿。你必須把不利於健康的因素揪出來，設法解決，才能減少對工作的不滿。**

有趣的是，赫茲伯格認為薪水屬於保健因素，而非動機因素。CPS科技公司財務長和薪資委員會主席羅賓斯（Owen Robbins）曾對我說：「薪水是個死亡陷阱。如果你在公司布告欄上貼出一張公告，上面列出每一個員工的名字和薪水。結果員工說：『我希望薪水能再高一點，但這張單子上列的確實公平，我無話可說。』如果每一個員工都這麼說，你就是個了不起的執行長了。你或許覺得用誘因或獎勵來管理公司很容易，然而，只要有人覺得自己已經賣命工作，薪水卻不如人，這種不健康的

如果一個人
發自內心想做一件事，
這就是動機。

心態就像癌細胞，會在公司蔓延。」

薪水屬於保健因素，理論上來說，薪資給付制度必須讓員工覺得滿意、公平。但說實在的，你只能希望員工不會為了薪水的事反目成仇。

這就是赫茲伯格提出的一個重要洞見：即使不斷改善工作的保健因素，你也不會立刻變得熱愛這份工作，頂多只是不討厭而已。**對工作不滿意的反面不是對工作滿意，只是你對這份工作的厭惡感消失了。**

請注意，這兩者大不相同。工作的保健因素當然很重要，如安全、舒適的工作環境、與上司和同事關係良好，有足夠的薪水可以養家，如果缺乏這些，你將對工作很不滿意；然而光靠這些並無法讓你熱愛你的工作，充其量只是讓你不討厭上班。

發自內心感到滿足

所以，哪些東西才能使我們得到真正的滿足？什麼樣的因素才能讓我們熱愛工作？這就涉及赫茲伯格所說的動機因素。動機因素包括：具有挑戰性的工作、得到認可、責任和個人成長。你能從工作本身感覺到你的付出是有意義的。動機是由內而生，出自你的內心和工作本身，有別於外來的鞭策或刺激。

希望在你的人生歷程中，你已體驗過赫茲伯格所說的動機因素，而且得到滿足。如果你有這種體驗，就可分辨動機因素與保健因素促成的經驗有何不同。

或許你曾做過這樣的工作，工作的過程本身即充滿意義，非常有趣而且很有挑戰，使你在專業領域得以更上一層樓，或是擔負更大的責任。凡此種種就是激勵你的因素，使你熱愛自己做的事。我希望我的學生以此為目標，每天都能興高采烈地迎接工作的挑戰，而不是一想到要上班就害怕。

赫茲伯格的理論就像一面神奇透鏡，讓我們可以洞視自己的選擇，想好畢業之後要做什麼。雖然很多人有著強烈的工作動機，充滿工作熱情，然而就我所見，仍有不少人不是如此。有些人似乎是天之驕子，工作也是自己精心挑選的，為什麼還是不滿意？

我們可從赫茲伯格的研究得到一些端倪。與我同輩的人，很多人在選擇工作的時候，以保健因素做為首要條件，其中最重要的往往是薪水。表面上來看，他們的理由都很充分。很多人把教育當成投資。你在可以工作的黃金歲月決定深造，放棄賺錢的大好機會，為了進修或獲得更高學位，你或許還需要貸款支付學費或家人的生活開銷——我就是如此。你算得出來，在畢業時你已經欠多少錢了。

選擇，決定人生走向

我知道我有很多同學在進入商學院之初，有著不同的理由或理想。他們在入學自述寫道，希望能貢獻所學，解決棘手的社會問題，或是懷抱創業的夢想，希望開一家自己的公司，在企業界闖出一點名堂。

同學間經常會聊到畢業後的計畫。我們盡可能對彼此坦誠，有時也不免會問一些比較尖銳的問題，例如：「為什麼不做一些你覺得重要的工作，或是你真正熱愛的事？那不是你就讀哈佛商學院的初衷嗎？」同學答道：「別擔心。我只是希望在畢業幾年內趕快把貸款還清，擺脫債務的糾纏，接下來就可放手一搏，追求真正的夢想了。」

這麼說很有道理。每一個人的壓力都很大，包括要養活自己或養家、達成父母和朋友的期望，有人還要求自己樣樣都要比人強。我的同學以及很多商學院的畢業生，因此瞄準既高薪又時尚的工作，如在銀行服務、擔任基金經理人、企管顧問等。對一些人來說，這正是他們的志趣，他們真的喜愛這樣的工作，每天都覺得樂在其中。然而，還有一些人則是向現實妥協，為了償還高額的學貸，不得不以薪水為第一考慮。

> 動機就是工作的熱情之火。

有了一份高薪、安穩的工作之後，房貸不成問題，家人也能過著優渥的生活。但他們當初的夢想呢？他們只能告訴自己：「再等一年吧……」或是

「我不知道自己現在還能不能做別的事。」同時，他們的所得也逐年增加。

然而，過不了多久，有些人不得不承認，他們已經開始厭惡自己的工作，這才恍然大悟走錯行了。**更糟的是，他們發現自己根本難以脫身。**所謂由奢返儉難，由於收入高，他們已經習慣過好日子，如何能回頭吃苦？他們當初在選擇工作時，主要是依據保健因素，而非動機因素，現在發現自己就像落入陷阱，進退兩難。

金錢可是痛苦的根源？其實不然。但是，如果你把金錢放在首位來考量，只想滿足保健因素，你的目標只有一個，也就是賺更多的錢，不管其他，打從這個起點，已經開始出現問題。

在動機因素和保健因素之間求取平衡

對一些特別注重金錢的行業來說，如銷售員或交易員，也會受到動機因素的影響，只是這些行業以金錢做為成功的量尺。以交易員為例，如果他們能正確預測市場走向，精準押寶，就能大受激勵。押中了就等於獲利，不管是客戶或老闆都會對他們的表現讚不絕口。同樣地，如果銷售員說服顧客購買某種產品或服務，也就對公司的營業額有所貢獻。每一次銷售成功都可使他們工作表現的指標往上爬升一格。

我們從事的工作也許和金錢不是那麼息息相關，但我們仍會發覺自己的工作很有意義，也很喜歡這樣的工作，這正是赫茲伯格的理論說的。**如果你有足夠的動機因素，而且能得到滿足，即使薪水並不豐厚，你還是會愛上你的工作。**可見動機就是工作的熱情之火。

動機也能作用在你意想不到的地方

如果你真正了解什麼能激勵一個人，讓人充滿動機，你會發現這不只是對工作有幫助，還能運用在種種不同的情況。我就從我家老大和老二身上深刻體會到赫茲伯格動機理論的另一面。

記得我們剛買下第一間房子的時候，我發覺後院有個地方可以蓋個迷你小屋給孩子玩扮家家酒。馬修和安妮正喜歡玩這樣的遊戲，於是我們全家興致勃勃地去挑選木頭和小屋用的屋頂。

我們鋪好底板，立起四面牆並加上屋頂。雖然大部分都是我釘的，我還是讓小朋友拿著鐵鎚把最後幾根釘子釘好。由於我們必須輪流拿鐵鎚、鋸木頭，這樣當然比較花時間，但看孩子玩得不亦樂乎，而且充滿驕傲時，我們也覺得高興。如果有朋友來我們家，我兒子和女兒都迫不及待地帶他們到後院參觀，看我們的工作進度。每天，我回到家，他們的第一個問題總是：什麼時候可以去蓋小屋？

但小屋落成之後，我很少看到孩子進去裡面玩。我發現他們的動機不在擁有這間小屋，而是建造的過程，他們的滿足來自於自己的貢獻。以前我認為目的地才是最重要的，這才發現我錯了。**重要的是過程，而非抵達終點。**

動機的力量非常強大，讓人難以估算。成就感、學到東西的感覺，以及成為團隊中的要角，這些都得以激發出真正的動機。

幸好，當初我沒買玩具小屋套件回來自己組裝。

如果你找到你愛的工作……

我們可從動機理論及誘因與保健因素的論述，了悟我們如何能在職場獲得成功、如何樂在工作。

過去我總認為，如果你關心別人，就該去研究社會學等。但是在我想像實驗室研究人員黛安娜的家庭生活，比較她覺得特別煩躁和順心的日子後，我得到了一個新的結論：**如果你想幫助別人，可以考慮從事管理工作**，當一個稱職的經理人，這應該是最有意義的一種工作。你每天在公司待八到十個小時，應該有不少機會讓員工得以高高興興地吹著口哨下班回家，就像黛安娜覺得那天特別順利一樣，過著充滿幹勁的人生。我了解，如果動機理論使我受益，我也應該讓為我工作的人體會到這樣的好處。

我的第二個了悟是，追逐金錢頂多只能緩和工作的挫折感，儘管如此，

金錢仍像女妖的歌聲，讓社會中很多最傑出的人迷惑。為了發掘真正的快樂，你必須持續不斷地找尋有意義的機會，讓你得以學到新的東西，肩負更多的責任。

有一句古老的諺語說，**如果你找到你愛的工作，你將沒有一天覺得自己在工作**。真正熱愛工作的人，會認為他們做的事情非常有意義，這樣的人在工作崗位上具備很大的優勢。他們會全力以赴，最後便能成為那一行的佼佼者。

如此一來，他們得到的酬勞可能相當豐厚。動機和報酬通常成正比，但從反面來看，有些人或許可以獲得很好的報酬，卻不見得有很強的工作動機。我曾看過不少人把金錢和快樂的源頭混為一談。如要評估可從什麼樣的工作得到快樂，你最好還是要小心分辨。

幸好動機因素就像指南針一樣可靠，可讓我們估算

我們容易過度重視
薪水、頭銜等成功的裝飾品，
以為那才能帶來快樂。

生涯的軌道，適用於各行各業，也沒有過時的問題。我們必須記住，如金錢、地位、薪水和工作的穩定性等保健因素只是樂在工作的副產品，而非快樂的源頭。如果你了解這點，就可專注在真正重要的事情上，而不會迷失。

* * *

我們最容易犯的一個錯誤，就是過度重視成功的裝飾品，以為那些才能為我們帶來快樂。因為那些裝飾品非常顯眼，常是眾人注目的焦點。例如更高的薪水、更尊貴的頭銜、更豪華的辦公室等別人欽羨的目標。有了這些，家人和朋友就知道我們是「成功人士」。然而如果你只注重這些，到頭來便會像我的同學，變成追逐幻影。你以為下次加薪，就能真正感覺到快樂。

但這只是空虛的追尋。

動機理論建議你用另一套問題來問自己：我目前做的工作有意義嗎？這個工作是否能給我成長的機會？我可以學到新東西嗎？我有機會得到認可、獲得成就嗎？我能擔負更多的責任嗎？這些才是真正能激勵你的因素。

一旦你能想通，其他可以具體衡量的層面，如金錢和地位，就不是那麼重要了。

②

計畫與變化

讓自己的工作熱情燃燒，在生涯之路發光發熱，是求取事業滿足非常重要的一步。儘管如此，你才走了一半的路，你必須找到滿足動機因素與保健因素的工作。顯然這不是件容易的事，否則不是所有人都已經做到了嗎？

在追求抱負與目標時，你還得善加利用預料之外的機運。能否掌握這個策略，不只是一家公司成敗的關鍵，也是個人生涯成功的祕訣。

一九六〇年代，本田機車的經營團隊想要在美國機車市場找到一個立足之地。那時，美國機車市場主要是由少數幾家大廠把持，如哈雷（Harley-Davidson）和一些歐洲廠商，如凱旋（Triumph）。本田計劃以令人心動的超低價，推出性能優越、不輸給競爭者的機車（那時，日本勞工仍非常便宜），目標是占有美國進口機車市場（主要是歐洲機車）的一〇%。

但本田一開始便出師不利，幾乎瀕臨破產。前幾年，本田在美國只能賣出寥寥幾部機車，和哈雷機車相比，本田似乎是窮人機車。更糟的是，本田發現他們生產的機車在高速、長途行駛下油箱容易漏油，離合器也很會耗損。這真是個棘手的問題。本田在美國的代理商無法處理這些複雜的問題，本田只能把有問題的機車利用空運送回日本修理。儘管問題重重，本田在美國的分公司現金不斷流失，他們仍不肯輕易放棄原來的策略。

除了重型機車，本田也運了幾部輕型機車到洛杉磯供員工代步之用，以節省開支。這種輕型機車叫「小狼」（Super Cub），在日本非常流行，可以在狹小、人車擁擠的巷道中穿梭自如，對商家外送非常方便。但美國地廣人稀，當地人喜歡的是馬力強大、可以高速奔馳的重型機車，沒有人認為本田的小狼會受到美國消費者青睞。

成功在你意想不到的地方

某個星期六，本田一名員工騎著小狼到洛杉磯西邊的山丘，在泥地來回飆車，藉以發洩銷售不順的挫折感，覺得過癮極了。

下一個週末，他邀同事一起去。住在山丘附近的人看到他們在山丘飆車，非常快樂的樣子，也想買一部來玩玩。但本田的員工說在美國買不到，必須從日本訂購。

不久，零售百貨業龍頭希爾斯（Sears）的採購人員看到本田的員工騎著小狼，於是詢問是否可透過希爾斯的郵購目錄販賣這種機車。本田的管理團隊仍把目標放在重型機車的銷售上，無意在美國推出小狼，因此對希爾斯提出的合作計畫興趣缺缺。但他們漸漸了解，多虧小狼受到車迷的歡迎，本田才能在美國苟延殘喘。

沒有人想到本田靠著小狼才能打入美國市場。他們本來一心想和哈雷那樣的重型機車競爭，沒想到誤打誤撞，遇見一個更好的機會。

最後，本田管理階層才終於大徹大悟，了解本田應該改弦易轍，改用輕型機車來進攻市場。本田小狼的售價只有哈雷的四分之一，銷售對象並非傳統機車的愛好者，而是新的族群——喜歡在沙地或泥地騎乘的越野機車騎士。

接下來的發展，大家都知道。有意思的是，一個員工在山丘上飆車發洩情緒，竟然可在無意間創造出新的運動風潮，讓幾百萬名美國人趨之若鶩。

本田機車這才了解，他們最大的顧客群並非傳統重型機車族。他們透過體育用品店和重力機具用品部販售輕型越野機車，業績便扶搖直上，後來更

修正策略或許很艱難，
或者問題很多，
但可從中發展出贏家策略。

成了本田最暢銷、也最長壽的一款機車*。

是意外，也是機會

本田在美國成功的故事，凸顯出每一個策略形成與演化的過程。正如管理大師明茲伯格（Henry Mintzberg）所言，策略來自兩個完全不同的源頭。第一個是預期的機會，這是你看得到、下定決心追逐的目標。在本田那個例子，也就是美國重型機車市場。你把焦點放在這個可預期的機會，然後詳細擬定策略，此即審慎策略（deliberate strategy）。第二個源頭則是無可預期的

---

*注：本田小狼自一九五八年八月問世，到二〇〇八年四月底為止，全球累積銷售達到六千萬輛。

機會，通常是在你照原定計畫和策略進行時冒出來的問題與機會。以本田為例，也就是在美國販售重型機車出現不可預期的問題，包括修理費用和銷售小狼的機會。

無可預期的問題和機會出現之後，會讓人左右為難。原本公司的任務焦點與資金都在計劃好的策略上，這時該堅持原來的方案，加以修正，或者轉移目標？管理階層與員工也不免動搖，不知該如何是好。公司每天都必須做出無數的決定，有時可以一天天地改變、修正，最後試試無意間冒出來的機會，並設法解決問題。在這種情形下形成的策略，即為應急策略（emergent strategy）。

以本田在洛杉磯的經理人為例，他們並不是開了一天的策略會議之後就隨即做出壯士斷腕的決定，放棄重型機車銷售策略，改用低價的小狼向美國市場進軍。他們是經過一段時間的考慮，發現只有停售重型機車，現金狀況才不致於一直惡化下去，同時他們也慢慢看清公司的獲利之路，就是改銷售小狼。

公司領導人一旦下定決心往新的方向前進，應急策略也就變成新的審慎策略。

但這還沒完。策略是個漫長的過程，還會不斷重複這樣的步驟，不停地演進。換言之，策略不是一個獨立事件，不是一群高級主管一起開會，就手中的數據分析決定好怎麼做就行了。策略是持續不斷、多變且難以控制的過程。因此，策略的制定與實踐很難，包括審慎的計畫、突發機會的因應和資源分配的考量。如果目前的策略可行，你會專注在這個策略上，督促每一個人為這個目標奮鬥。然而，這樣的專注也可能讓你忽視重大的機會。

從挑戰中看見贏家策略

策略的修正或許是艱難的考驗，或者問題很多，但幾乎所有的公司都從這個過程發展出贏家策略。連鎖零售商沃爾瑪（Walmart）就是很好的一個例子。很多人認為沃爾瑪的創辦人沃爾頓（Sam Walton）是個有遠見的傳奇人物。不少人以為他在創業之初就擬定一份偉大的藍圖，企圖改變世界零售業。其實不然。

沃爾頓的第二家店本來想開在曼菲斯。他認為曼菲斯是個大城市，應該有利於大商場的發展，但他最後還是選擇在阿肯色州班頓維爾這個小鎮開店。他這麼做有兩個原因：據說他太太不肯搬到曼菲斯，另一個原因是，他想如果第二家店離第一家店很近，兩家店要調貨或互相支援就很方便。沃爾頓終於發展出一個無人可及的商業策略，也就是只在小鎮開設大型商場，不但方便總公司的管理和支援，也可避免與其他折扣零售商削價競爭。

其實，這根本不是他在創業之初就想到的，而是不斷修正、演進出來的策略。

在審慎思考和臨時應變之間擺盪

不少學生和年輕朋友總認為生涯必須小心計劃，想好未來五年的每一步。

聽到他們這麼說，我總是很吃驚。其實，不光是他們，一些很有成就的人，以及有遠大抱負的人，也都對自己施壓，要自己這麼做。有人甚至早在讀高中的時候就認為自己必須有明確的志向，知道將來要做什麼，如此才能成功。基於這種信念，除非出了很大的差錯，不然他們絕不會偏離原來設定的軌道。

然而，要執行如此明確的計畫，只有在一定的情況之下才有可能。

在我們的生活和工作生涯中，不管你是否察覺得到，我們總是一方面按照審慎的策略往前走，另一方面則必須應付無可預期的選擇。

我們在心裡不斷地掙扎，不知要堅持原來的計畫，還是該臨機應變。沒有一種策略本來就比較好或是比較差，你必須依自己決定的路徑來做選擇。了解策略具有兩種完全不同的要素，而且必須視情況而定，你就知道

沒有一種策略本來就比較好，
你必須依自己決定的路徑
來做選擇。

如何面對生涯中出現的種種選擇。

如果你目前的工作已經滿足保健因素與動機因素，那就可以依照審慎的計畫去做。你的志向明確，也從現在的經驗得知，這就是值得你努力的方向。如此一來，你便可心無旁騖，一心一意朝著既定目標前進，不必擔心突然冒出來的機會。

然而，如果你還沒找到這樣的工作，還在摸索當中，你就得採取應急策略臨機應變。

換句話說，就像在進行人生實驗。你從每一次的經驗學到東西，然後調整自己的計畫，就這樣不斷地實驗、調整，直到你的策略奏效。

在工作生涯當中，你會發現你最喜歡的領域是什麼，做什麼可使你感覺到得心應手，甚至發光發熱，最後你必然可找到不但能滿足保健因素，也能使動機因素發揮最大效用的工作。**但這絕不是坐在象牙塔裡苦思冥想就能辨到的。**

策略幾乎總是來自種種機會，包括你可預見以及無可預期的。最重要的是，你一定要走出去，好好嘗試，才會知道什麼樣的工作最符合你的才能和興趣。在你找到答案之後，就該改採審慎策略，小心翼翼地按照計畫行事。

我的生涯說來並非一帆風順，也是走了一段很長的崎嶇路，在既定的目標和突發機會之間擺盪，多年後才找到我熱愛的工作，也就是教書。

其實，我曾從事過三種工作：最先是當企管顧問，然後創業、當經理人，最後才從事學術研究和教書——這些都和我當初的人生計畫不同。

我的崎嶇生涯路

我剛進大學的時候已立定志向，希望有一天能進入我仰慕的《華爾街日報》當編輯。有一位教授對我說，我文筆很好，如果想進《華爾街日報》，不一定要主修新聞，如果有經濟學和商學的背景，也許可以從幾千名應徵者中脫穎而出。於是，我記取教授的建議，採取審慎策略：我在楊百翰大學取得經濟學學士，接著去牛津大學攻讀經濟學碩士，然後從哈佛大學取得

MBA的學位。

我在MBA第一年課業結束時寄履歷表給《華爾街日報》，應徵暑期實習編輯，但沒得到任何回覆。我覺得大受打擊。但這時，有一家顧問公司給我一個實習機會。雖然那不是我嚮往的《華爾街日報》，但我有機會為客戶解決問題並從中學到很多新的東西。我希望這樣的資歷能為我加分，下次去《華爾街日報》應徵就更有希望了。

不久，另一家顧問公司願意提供獎學金給我，讓我完成第二年MBA的學業，條件是畢業後我必須在他們公司工作。當時我還是個窮學生，面對這麼好的機會，實在難以抗拒。我想，我可以先在這家公司工作，累積寶貴的商業實務經驗，以後再去《華爾街日報》。這就是我的應急策略。

人無法清楚看見自己的未來，
別浪費時間去找尋那一顆
透視未來的水晶球。

儘管進《華爾街日報》是我長久以來的夢想和計畫，我也挺喜歡企管顧問的工作。五年後，我和太太克莉絲汀商量，我們認為我可以開始踏上我熱愛的新聞工作。這時，一個朋友找上門，希望我和他一起創業。過去五年，我都在幫客戶解決問題，沒想到我也能擁有一家屬於自己的公司，這個念頭讓我非常心動。我決定把握這個機會。我想，有朝一日，我還是可以去《華爾街日報》應徵，除了哈佛MBA的頭銜，加上創業和管理的經驗，這樣的資歷應該更能得到報業高層青睞吧。

觸發應急策略

我們在一九八七年中創立了這家公司，剛好是在股市大崩盤前夕。從某一個角度來看，我們實在很幸運，在這樁慘事發生之前已籌措好資金，但從另一個角度來看，這個時機實在很糟。我們的股價一夕之間從十塊美元跌到兩塊美元，公司市值遽減，沒有一家銀行願意伸出援手。我們計劃再次尋找投資人，讓公司得以增資、成長。如不增資，公司將岌岌可危。這時，我們有位最初的投資人把手中的股票賣給另一個創投家，這樁交易使得那位創投家擁有足夠的股票可以左右公司的未來。他要我滾蛋，並指派另一個人來當公司的執行長。

這個事件再次觸發了我的應急策略。

百分百專注在目標上

在我被自己一手創立的公司炒魷魚之前，我曾和哈佛商學院的兩位資深教授懇談。多年來，我的夢想除了進《華爾街日報》當編輯，另一個念頭也在我心裡的一個角落悄悄生成：我適合當教授嗎？那兩位教授都說我有這樣的潛力，有望成為一個好老師。於是，我站在生涯的交叉路口徬徨，不知該去《華爾街日報》應徵，還是改走學術路線。

我又向其他幾位教授請教此事。幾個月後的一個星期，我被公司炒魷魚。就在那個星期的週日晚間，有一位教授打電話給我，問我是否願意隔天去跟他談談。他說，雖然新的學年已經開始，幾位教授商量之後，願意助我一臂之力，破例讓我進博士班。那年，我三十七歲，我本來是一家公司的總裁兼執行長，卻被人踢出公司，再度成為學生。人算不如天算，我不得不把審慎策略擺在一邊，改採應急策略。

我在完成博士學位後，就開始教書。此時，我的目標就是成為終身職教授。儘管我因為人生之路出現急轉彎，而走上學術之路，但此時我已經了解我要的是什麼。我將採取審慎策略，小心、積極地在這條新的生涯之路向前走。為了成功，我非得百分之百專注不可。

你必須證明什麼？

今天，我已經五十九歲，在學術界也待了二十年了。偶爾，我不免想起我的舊愛——心想，我是否該去《華爾街日報》應徵編輯了？多年前我決定採取審慎策略，在學術界努力。我一直很喜歡這樣的工作，因此沒有轉換跑道的打算，然而我還是會注意突發的問題和機會。說來，三十年前，我哪裡想像得到我會有今天？天曉得什麼樣的機會正在角落等你。

當然，面對機會不難，難的是你如何決定採取哪一種策略。你該堅持目前的審慎策略，或者該採取另一種做法？如果十個機會同時出現在眼前呢？如果你必須投入之後才知道你是不是喜歡這樣的工作呢？理論上來說，你不必進醫學院接受多年的醫學訓練之後，才明白你並不想當醫師。但是你要如何知道什麼是最佳選擇？

你可以利用一種工具來檢驗哪一種策略的收穫比較大。如果你希望你的策略可以成功，你就得說出「哪些假設必須證明為真」。提出這種思考過程的學者麥克米蘭（Ian MacMillan）和麥奎斯（Rita McGrath）稱之為「發現導向計畫」（discovery-driven planning）。簡單來說，就是「如果要行得通，你必須證明什麼？」

幾乎每一個失敗的案子，
早在做預測和決定時，
有些關鍵假設已經錯了。

這聽起來似乎很簡單，但很多公司在追求新機會時很少想過這個問題，因而打從一開始就踏出錯誤的第一步。他們考慮是否投資在一個案子上，**根據的是最初的預測，但他們從未確實、小心地驗證這樣的預測正確與否**，就做了決定，最後變得難以抽身，只能根據事實來調整預測值和假設。

舉例來說，一個員工或一群員工想出一個創新的點子，要推出某種新產品或新服務。他們對這個提案非常熱中，也希望能得到其他同事的贊同，但要說服資深主管這是可行的，他們就得提出一個企劃案。他們也了解，如果要得到主管的同意，企劃案上的數字就得好看一點。

深究表象下的關鍵假設

事實上，他們還不知道消費者的反應如何，也不知道必須投入多少成本等等。他們只好用猜的，也就是做假設。提案者和中階主管通常知道他們預測的數字要有多漂亮，才能順利申請到經費。即使被打回票，他們常常只需再調整一下數字就可以過關了。

如果他們用心準備，說服高階主管，就可著手進行計畫。只有實際開始做了之後，提案團隊才知道哪些數字是正確的，哪些是有問題的。

你看到問題了嗎？等到他們發現哪些假設是錯的，已經太遲了。我們可以發現，幾乎每一個失敗的案子，早在做預測和決定時，有一項或多項關鍵假設已經錯了，然而，直到這些計畫進入執行階段，公司才了解這是錯誤的決定。為了新案子，公司也許投入相當多的資金、時間和人力，公司看重這個計畫，負責團隊也已經盡力了，卻沒有人願意對資深主管說：「你知道嗎？那些假設可能有點問題……」這樣的案子當然失敗率很高。如果假設經過驗證，這樣的計畫就不容易失敗了。

被數據矇騙的迪士尼

例如，迪士尼在南加州、佛羅里達和東京經營的主題樂園都非常成功，但在巴黎市郊的迪士尼樂園則慘遭滑鐵盧，開幕頭兩年就虧損十億美元左右。為何迪士尼樂園在法國風光不再，面臨如此慘痛的打擊？

原因是一開始規劃巴黎迪士尼樂園的時候，該公司高估了遊客人數和遊客停留的時間。他們是根據主題樂園附近的人口密度、天氣型態、收入水準等因素，預估每年將有一千一百萬名遊客。其他地區的迪士尼樂園，遊客平均在園區停留三天，因此估計全年入場人次為三千三百萬。迪士尼建造飯店和其他設備都根據這樣的數字，認為如此便能符合遊客需求。

結果，巴黎迪士尼樂園營運的第一年的確有一千一百萬名遊客，但他們平均只待一天，而非原來預估的三天。

這是怎麼回事？

其他地區的迪士尼樂園皆有四十五種遊樂設施，遊客開開心心地玩個三天才能玩得盡興。但巴黎迪士尼營運初期只有十五種遊樂設施，一天就玩得差不多了。

原來，當初擬定巴黎迪士尼營運計畫的人認為，巴黎園區的大小和其他地區的迪士尼差不多，才會犯了這個錯誤。迪士尼高層沒有人問：「最重要的假設是哪些？要如何追蹤這些假設正確與否？」如果他們想過這個問題，在計畫初期就會發現這個問題：如果只有十五種遊樂設施，遊客還願意在園區停留三天嗎？巴黎迪士尼走錯了第一步，至今仍在虧損中掙扎。

在你接受一項工作之前

其實，我們不一定要從慘痛的經驗得知，什麼是行不通的。

如果有人想出一個似乎很棒的企劃案，當然必須要做財務預測。但我們不可以裝作這些預測都是準確的，必須承認這只是大概的數字。由於每一個人都知道數據要漂亮，主管階層才會放行，你必須小心提案人員在數字上動手腳。

接下來，你得要求專案小組提出一張清單，列出最初預測根據的假設，然後問小組成員：「如果要達到企劃案上寫的數字，必須證明哪些假設為真？」請他們依照重要性和不確定性列出這些假設：在最上方是最重要、但最難以確定的，最下方則是最不重要、但大抵可以確定的。了解這些假設的相關重要性，你才能讓案子過關。走捷徑或是省錢，到頭來都可能得不償失，最要緊的是驗證最重要的假設是否成立。

如果公司能夠了解最重要的假設應該是對的，就能做好是否投資的關鍵決定。

採用這種檢驗法就可破除數字的魔咒。即使要求專案小組不斷修改，直到預估數字夠漂亮，那樣的數字也不見得是真的。如果你問我們必須證明哪些假設為真，就不致於被數字欺騙、脫離軌道。如此一來，提出企劃案的專案小組也就能真正關心他們提出的數字是否能實現。如果你問對了，通常很容易得到答案。

這種計劃方式也可以幫助你評量出現在眼前的種種工作機會。**我們都希望工作能力受到肯定並且樂在其中。但我們往往沒想清楚就接受某一項工作，到頭來才發現事實和自己想的不一樣，當初做了錯誤的決定。**這種工具可幫你避免這樣的錯誤。

在你接受一項工作之前，請仔細想想：如果你想要達成你的希望，別人必須做什麼，或與你配合什麼？然後把你想到的列出來。接著問你自己：**「如果要成功達成任務，哪些假設必須證明為真？這些是你能夠控制的嗎？」**

同樣地，你還必須自問：如果要做得愉快，哪些假設必須證明為真？你接受這份的動機是出自內在，還是有其他外在因素？為何你認為自己可以勝任愉快？你有什麼樣的證據？每次你考慮換工作，也請你想想最重要的假設是什麼，如何證明你的假設無誤。請用務實的眼光來看待在你眼前展開的生涯之路。

為什麼驗證假設很重要？

我真希望能利用這個方法幫助我的學生。她從商學院畢業後到一家創投公司工作。該公司的人告訴她，他們將把公司二〇%的資源投資在開發中國家的案子。她覺得好極了。早在就讀商學院之前，她曾在亞洲一個人道救援組織工作了幾年，因此希望畢業後能找到更好的機會，幫助開發中國家的新公司。這似乎是份完美的工作，與她的初衷不謀而合，她於是決定去該公司上班。

但是，儘管那家創投公司理想遠大，卻沒有資源去幫助那些開發中國家的公司，也沒下定決心這麼做。

每一次有新的案子，我這個學生都希望是開發中國家的投資案，然而她一次又一次地失望了，上司指派給她的案子都是在美國。最後，她對雇主心懷怨恨，感覺主管欺騙她，讓她浪費了寶貴的時間和才華。她最後只好離職，再從頭開始。

如果她當初在評估工作時問自己，必須證明什麼樣的假設，她便會在決定去那家創投公司上班前，先去調查其他創投公司是否成功在開發中國家發展，這樣的公司具有什麼特色。例如，真的想要在開發中國家發展的公司必然已在當地投資。他們的合夥人也努力朝這方向努力。如果他們在當地已經扎根，成果不錯，自然能夠吸引其他投資人。如果她在接受全職工作前，先到公司實習，了解公司的情況，就不致於悔不當初。如果這個學生把所有假設都列出來，她就會發現，雖然公司信誓旦旦地說會在開發中國家投資，事實上卻不大可能。

我在大學剛畢業的時候能找到喜歡的工作，說來完全是運氣好。我不曾仔細檢測生涯選擇的假設。

不管我做的是企管顧問、創業或是學術工作，如果我能利用這樣的工具來檢視出現在我眼前的機會，必然能得到莫大的好處，讓我得以發揮所長，又能樂在其中。

以後見之明來看，我的生涯之路有審慎的策略，也有無可預期的機會，我在這兩種力量的推拉之下不斷前進。

我從沒說過我這一路走來十分順利。儘管我已經五十九歲，說不定還有令人興奮、難以預料的機會在等著我。說不定哪一天我終於接到《華爾街日報》的來電，請我去當編輯……。

希望你已經了解熱愛工作的重要。雖然我提出自己的經驗，或許不能幫你找到最適合你的工作。

* * *

我們可從公司的策略發展做為借鏡。雖然很難第一次就成功，如果你不斷地嘗試，必然能找到好辦法。只有極少數公司能夠靠著最初的策略直達成功的終點站。

如果你了解應急策略和審慎策略這兩種概念，你就知道人不可能清楚地看見自己的未來。別浪費時間去找尋透視未來的水晶球。再說，你可能會被未來的假象迷惑，對機會視而不見。你在思量生涯之路要怎麼走時，也該開展視野，容納更多的可能。隨時準備迎向機會的挑戰，必要的時候臨機應變，不斷地調整你的策略，直到你找到最適合你的工作——不但滿足保健因素，也讓你充滿工作動機。這時，你就可採取審慎策略。如果你做對了，你自然會知道。

雖然這似乎很難，但你必須誠實地面對自己。改變常讓人心生畏懼，保持現狀則比較容易，然而這卻是危險的想法。你只是把路上的空罐子踢到一邊而已。如果你一直堅持走你的老路，也許多年後，有一天你醒來，看著鏡子，你會不由得問自己：「難道我就這樣過了一生？」

③

策略的試金石

儘管你已了解動機，也知道如何在志向和無可預期的機會中求取平衡，你可以滔滔不絕地談論你的人生策略，然而如果你不花時間、金錢和精力，不管什麼策略都沒有用。

換言之，你如何分配資源才是實際的考驗。

資源分配的決定，可能多達好幾百個。真正的策略——不管是公司策略或是人生策略——就是從這些決定生出來的。然而，一天過了又一天，你如何知道你的方向沒錯？那就要看你如何利用資源。如果你不是把資源用在你已決定的策略上，你的策略只是空談，永遠不能成事。

十幾年前，超音波儀器公司SonoSite創立於西雅圖。這家公司生產的攜帶型超音波診斷儀，有望成為改變醫療生態的革命性產品。在攜帶型超音波問世之前，大多數的診所醫師和護士在幫病人檢查的時候，只能透過觸診或聽診來推測病人皮膚底下的情況，因此，往往在病情很糟的時候才能發現問題。以前醫師雖然可利用推車型的超音波儀、電腦斷層掃描或磁振造影等機器來透視人體內部，但這些機器都非常龐大、昂貴。SonoSite的手提式超音波儀外型小巧，價格也低廉得多，可成為一般診所醫師和護士的好幫手。

SonoSite的攜帶型超音波儀分兩種，主產品叫泰坦（Titan），約和一部手提式的膝上電腦差不多大。另一種叫iLook，尺寸不到泰坦的一半，價格更只有泰坦的三分之一。這兩款超音波儀都有很大的市場潛力。

iLook的功能比泰坦來得相對簡單，利潤雖沒那麼高，卻更容易攜帶。SonoSite執行長古德溫（Kevin Goodwin）認為，iLook這種小型超音波儀的市場前景很不錯，上市才六週，已賣出一千部。因此SonoSite公司必須再加把勁，如果不能用iLook攻佔市場，其他公司很快就會發展出更便宜的類似產品來搶市，不但市場價格會遭到破壞，連SonoSite本身都會受到威脅。

古德溫急著想得知顧客對這種小型超音波儀的反應，於是和公司一個頂尖的銷售代表一起去拜訪客戶。

古德溫從這次拜訪的過程學到非常重要的一課。

如果成功的量尺錯了呢？

他們的銷售代表坐下之後，隨即將泰坦拿出來展示，也就是膝上型的超音波儀。過了十五分鐘，還遲遲沒把手提袋裡的iLook拿出來。

古德溫只好對這個銷售代表說：「介紹一下iLook吧。」但那位銷售代表好像沒聽到似的，繼續說泰坦的優點。古德溫等了幾分鐘，又在銷售代表耳邊說：「拿出袋子裡的iLook！」但那個銷售代表依然不理會他。古德溫在顧客面前跟那個銷售代表說了三次，要他把iLook拿出來介紹，但銷售代表完全不為所動。

這是怎麼回事？一家公司的銷售代表竟然完全不聽執行長的指示？

這個銷售代表並不是有意反抗古德溫。其實，他只是照公司的要求去做——以公司的最大收益為目標。

古德溫知道iLook的長期潛力，將來的表現或許會比膝上型機種出色。問題在於，公司的銷售代表都是抽佣金的，績效好壞完全視售出的產品總值和毛利而定。賣出一部膝上型超音波儀所得的佣金，等於五部iLook的佣金；換句話說，儘管銷售代表的一隻耳朵已經聽到古德溫的指示，但公司薪資制度的指示更大聲地向他另一隻耳朵吼叫。

處於兩難之間

在SonoSite發生的這種衝突並非無心疏忽，而是非常普遍的現象，幾乎每家公司都存在這樣的問題，我在研究中稱之為「創新的兩難」。從SonoSite這家公司的收益表可以看出，該公司為了應付每一天的營運支出，公司一定要有營收。銷售代表賣出五部 iLook 為公司帶來的利潤，等於賣出一部膝上型的泰坦。如果他們能賣出更多的泰坦，能獲得的佣金也就更高。

古德溫和公司的銷售代表面對的問題很棘手，亦即，看來合理的事其實並不合理。有時，問題出現在一家公司的不同部門之間。以 SonoSite 為例，從執行長的觀點來看是一回事，但從銷售代表來看又是另一回事；而工程師的觀點又可能截然不同。工程師為了使新一代產品比目前產品的效能更佳，更精密、好用，可能沒考慮到價格，但就公司策略而言，小而美固然重要，價格也是關鍵因素。

資源分配的弔詭

令人不解的是，同一個人心中也常常會出現這樣的衝突：**為了長遠所做的正確決定，短期看來卻不合理**；你認為

一個策略能否成功，
資源分配就是真正的考驗。

現在不該拜訪這個顧客，然而他卻是你該拜訪的人；你以為某一項產品是最重要的，銷售代表卻覺得不該賣這樣的東西。

我們可從SonoSite的個案得知，策略最後的一個關鍵要素就是資源分配。我們已在前一章討論到審慎計畫和應急做法。在這一章，我們將更深入這點，因為一個策略能否成功，資源分配就是真正的考驗。在資源分配的過程中，你將決定哪些計畫可以得到資金，進入執行階段，哪些則不該投入資源。在一家公司裡面，關於策略的一切，在進入資源分配階段之前都只是意圖。一家公司的種種遠見、計畫和機會——包括威脅和問題——哪一個該優先考慮，哪一個該變成實際可以執行的策略，端賴高階主管怎麼決定。

當個人努力的方向與公司目標相反

有時，像SonoSite這樣的公司，由於衡量個人成功的量尺錯誤，使得員工不由得往錯誤的方向去做，而與公司的長期目標背道而馳。一家公司如果優先考慮短期利益，不顧長期目標，也可能出現問題。

但有時我們會發現問題的癥結就在個人身上。

如果個人和公司所考慮的優先順序不同，則可能帶來致命的打擊。蘋果電腦就是一例。

在一九九〇年代，創辦人賈伯斯被迫離開公司之後，蘋果不再持續不斷地推出令人驚豔的產品。賈伯斯走了，蘋果不再照他的原則做，蘋果的計畫與實際執行的策略差距愈來愈大，這家公司也就搖搖欲墜。

資源重整，創造蘋果帝國

例如蘋果在九〇年代中期想要發展出下一代的作業系統，和微軟一較高下。這個以美國作曲家「庫普蘭」（Copland）的名字為代號的作業系統屢屢面臨流產的命運。

雖然這是當時蘋果的首要計畫，但不管他們再怎麼努力都做不出來。主管階層一再告訴每一個人——包括媒體、員工和股東——這個計畫有多麼重要。資深主管對市場的嗅覺是一回事，下面員工的做法卻是另一回事。工程師似乎比較有興趣為新產品構思，而不想去完成庫普蘭。

賈伯斯離開蘋果之後，公司裡的人都把時間花在自己覺得有意思的點子上，不管自己研究的東西是否和公司目標相符。最後，蘋果的技術總監漢考克（Ellen Hancock）眼見庫普蘭完成無望，索性壯士斷腕，提議終結這項計畫，收購其他公司研究出來的作業系統。

一九九七年，賈伯斯回到蘋果重掌大權，立即著手修正資源分配的問題。他不允許每一個人各行其是，要所有人認清公司的根本，也就是製造全世界最好的產品，改寫人類科技生活，提供非凡的使用者體驗。凡是不符合這個目標的，一概剔除，不能接受這種原則的員工就不能在公司待下去。不久，蘋果公司的員工了解到，如果他們在分配資源時無法顧及公司所需，等於是自找麻煩。

蘋果能同心協力完成使命，發展出最好的產品，關鍵就在於員工從心底深處了解賈伯斯要的是什麼。這也是蘋果公司從搖搖欲墜重登科技武林霸主的關鍵。

打出「全壘打」

然而，企業會遇上災難，個人並非唯一的問題。你會發現很多公司偏向短期、立即的回饋，無法顧及長遠的結果。這些公司希望投資有立竿見影之效，最好很快就能看到收益，至於與長期策略有關的重要計畫，就不在優先執行的項目之列。

為了了解短期與長期策略的選擇與其造成的難題，且讓我們來看一家大公司的做法。這家公司就是世界最大的日用消費品公司聯合利華（Unilever），產品包括食品、個人清潔用品、保養品、洗衣粉、清潔劑等。為了

除非特別花心思，
否則你將照自己預設的條件
來分配個人資源。

持續成長，聯合利華在創新計畫上投資了幾十億美元。然而，以棒球術語來說，聯合利華每年的表現很少出現「全壘打」的佳績，多半只是短程安打。為什麼？

我研究這個企業長達十年以上，結論是聯合利華在無意間把最好的員工導向短程安打，無怪乎會有這樣的結果。當然，不只聯合利華，很多公司都是如此。該公司資深主管每年都會從全世界的分公司招募「儲備精英計畫」（HPL），為了培訓這些幹部，資深主管指派這批「儲備精英」到公司財務部、營業部、銷售部、人力資源部、行銷部等各部門工作，培訓為期十八個月到兩年。

培訓結束之後，公司會依每一個「儲備精英」的表現分配下一階段的任務。如果「儲備精英」連續幾個階段的表現都很優秀，不但能負責重要的案子，也有望升格為獨當一面的經理人。從這些新血的角度來看，能獲選為「儲備精英」，每一個人都很興奮，準備在職場大展身手。但他們最希望參與的計畫為何？

理論上來說，他們會選擇未來五年到十年會大紅的產品，這些產品就是公司未來成功的關鍵。但結果如何，多年後才會知道。儘管某一項產品因你多年的努力而成為銷售冠軍，最後負責這個案子還是「儲備精英」中成績最好的人，而不是最先在這項產品投注心力的人。由於「儲備精英計畫」看的只是你在兩年內的表現。這家公司未來的經理人也就著眼於短期的效益，因為只有在近期內做出成績，才能得到升遷。至於公司的未來，如五年、十年後的目標，則不是他們關心的。

時間框架設定錯誤的危險

個人誘因與公司長遠的目標衝突，在企業界很常見。例如，美國有很多政府福利計畫已成陳痾，如社會福利制度、聯邦醫療保險（Medicare）等，國家財務因而被拖到破產邊緣，然而，還是無法大刀闊斧地改革。為什麼？因為眾議員的任期為兩年，且無連任限制。這些議員認為獲得連任的短期目標比較重要。

至於如何解決上述陳疴，每一個眾議員都有對策，但就是無法拿出來讓人瞧瞧，說服選民。問題在於，受益於政府福利計畫的人很多，如果有人敢對這些福利計畫開刀，讓他們無法繼續享受這些「好康」，這些人必然會用選票把提案的眾議員趕下台。

有些資深、老練的政治人物知道問題癥結在哪裡，他們已經退休，也沒有尋求連任的意願，可以就事論事。但是，儘管他們不斷敦促現任眾議員，要他們提出改革方案，就是沒有人願意這麼做，沒有人願意拿自己的政治生涯當賭注。

如果SonoSite的銷售代表、聯合利華的儲備精英及所有眾議員一起在夏威夷開會，這些人必然同病相憐，深知小我與大我衝突之苦。

要顧及個人與團體，締造雙贏的局面，實在不容易。

葛洛夫曾說：「如果你要了解一家公司的策略，要看他們實際做了什麼，別光聽他們說。」我們的生活和工作生涯同樣需要資源分配。女權運動者史坦能（Gloria Steinem）也曾說：「我們只要看支票存根的紀錄，就知道一個人的價值觀為何。」

不只是銷售代表會左右為難，不知該拿什麼機器展示給顧客看，我們在一天結束時，也會面臨類似的掙扎：我該在辦公室多待半小時，再完成一件事情，還是該趕快回家陪孩子？

個人的資源分配問題

日常生活也牽涉到策略和投資。我們的人生資源包括時間、精力、才能、財富，我們把這些資源用在個人生活的幾個層面，例如與配偶或所愛的人維持和諧、美好的關係、教養優秀的兒女、追求生涯的成功、對教會或社區有所貢獻等。

可惜，我們的資源非常有限，要做的事又很多，每一件事似乎都很重要。其實，不只是個人有這樣的問題，公司也是。你該如何把手中的資源做最好的分配？

除非你特別花心思管理、調配個人資源，否則你將照自己預設的條件來做分配，也就是你的本能思考。

公司也是，資源分配不是開一次會就可以決定的，也不是看看下一週的行事曆就知道怎麼做。資源分配是一個持續不斷的過程，你的大腦不斷地在過濾所有的選擇，決定優先順序。

誤入歧途

然而，這個過程往往雜亂無章。每天都有人要你花時間做這個那個的。即使你已經專注在你認為最重要的事情上，還是難以判斷哪些是正確的決定。

如果你有額外的氣力或是三十分鐘的空閒，仍然有很多人跑來找你，要

> 你或許可以明白說出
> 自己的人生目的和策略，
> 如果不能落實，都是空談。

你做某一件事。你往往為了應付這麼多人或這麼多事而焦頭爛額，不禁心生人在江湖身不由己的感嘆。

有時，找上門的可能是你意想不到的好機會；有時你卻因而誤入歧途，離理想目標愈來愈遠。我有很多同學正因此陷入這樣的困境。

有些人一心一意追求卓越，卻不知不覺把資源分配在短期可以看到成就的事情上。看到這些成就，他們也就心滿意足，認為這就是人生更上一層樓的證明。例如，把貨品送出去給客戶、完成一件設計案、治好一個病人、達成某一項交易、上完一堂課、打贏一場官司、發表一篇論文、拿到薪水、升官發財。

我們大學畢業，踏入社會後，自然而然會把寶貴的精力放在工作上。我的學生多半如此。他們一畢業，就急於在職場上展翅飛翔，證明自己「學有所用」。

其實，人生是否如你所願，或是悔不當初，就看你如何分配自己的人生資源。

我便有不少同學，多年後才發覺自己的努力似乎是一場空，每天過著空虛、鬱鬱寡歡的生活。

忽略數十年後的未來

我不由得想到，他們的問題源於資源分配不當。雖然他們的出發點都是好的，希望給家人、孩子過最好的生活，得到最好的機會，日後才發現，他們把不少資源放在通往死胡同的旁門左道，乃至一籌莫展。

對他們而言，最重要的就是可以得到立即回饋的事，像升遷、加薪或是獎金，而非必須長期努力的事，如教養兒女——你通常得等到數十年後才能看到兒女的成就。

得到立即的回饋後，你設法讓家人過得更好，買更好的車、更好的房子，與家人享受奢華假期。問題是，這種生活方式將使你的個人資源分配卡死。「我至少要和過去一樣努力工作，不然就無法繼續升遷——我一定要獲得升遷，因為……。」

每一個人都希望事業成功，家庭圓滿。儘管你決定努力工作，好讓家人過更好的生活，卻在無意間疏於照顧你的另一半和孩子。在家庭生活投資時間和精力得到的回饋，當然不如職場上的成就那麼顯而易見。

你或許已經慢慢疏忽你和另一半的關係，卻感覺不出有什麼問題。你每晚回家時，你的太太或先生都在家，孩子一樣調皮搗蛋。你至少要等上二十年，才能欣慰地對另一半說：「我們的孩子真不賴。」

在光鮮亮麗背後

如果你能看到一些成功人士的私生活，就知道成功的背後往往有很多陰影。雖然他們認為家庭非常重要，分配給家人的資源卻愈來愈少。等到多年之後，一家人皆形同陌路，已後悔莫及。

這都是一連串、小小的決定造成的。打從一開始，你或許認為這些決定沒什麼，長久下來一直按照原來的資源分配模式，直到過了大半輩子，才驚覺這樣的人生不是自己想要的。

* * *

不管是公司策略或是人生策略，都是好幾百個決定塑造出來的，這些決定關乎你如何運用時間、精力和金錢。

從你所做的每一個決定，也可看出哪些事情對你而言是最重要的。你或許可以明白說出你的人生目的和策略，然而，如果你的資源分配和你的策略並不相符，說什麼都沒用。如果不能落實，所有策略都將成為空談。

如何知道你執行的策略是你真正想要做的？那就看你的資源運用的

方向，也就是資源分配過程。

如果你的資源沒用在你決定的策略上，就可能產生嚴重的問題。你或許認為你是個樂善好施的人，但你多常貢獻時間或金錢給你支持的組織？如果你認為家庭對你來說是最重要的，你在安排時間時，是否把家人放在第一位？

如果你想成為某一種人，若不花心血，朝那個方向去努力，要如何變成那一種人？

PART

2

圓滿的人際關係

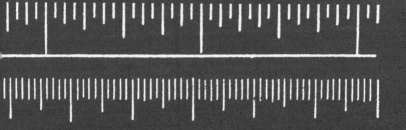

我生命中最快樂的時光無幾，也就是在家裡和家人相處時。

——湯瑪斯・傑佛遜（Thomas Jefferson）

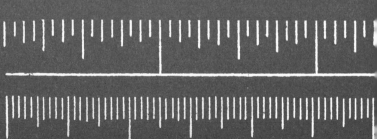

到目前為止，我們把焦點放在生涯策略，知道如何透過這樣的策略找尋生涯之樂。一開始我討論到讓工作充滿熱情的因素。透過這些，我們才能真正樂在工作。接著是，如何透過審慎計畫和面對無可預期的機會，來尋找你熱愛的工作。最後，我們談到資源分配是否與你決定的策略相符。如果這三個步驟你都做對了，你就能踏上快樂的生涯之路。

別被工作綁架了

不少人都充滿抱負，希望這一生有了不起的成就，你在工作上的表現往往就是衡量成功的標準。因此，我們在做資源分配時，打從內心希望多努力一點，以在工作上求得更好的表現。一分耕耘，一分收穫。你在職場多投入一個小時，多挹注一點心血，很快就可以看到成功的果實。

但人生並不是只有工作。你在工作上投入的時間，勢必會影響工作以外的你，影響到你和家人、朋友的相處。就我的經驗而言，很多所謂的「成功人士」幾乎活在工作當中，在家的時間少之又少。由於教養兒女或是培養和另一半的感情，結果常常不明顯，要等到多年之後才知道會如何，於是**我們很容易在工作上過度投資，對家庭生活的投資則相形見絀。**儘管家庭生活是人生最重要的一部分，我們卻任其枯萎。

注意心中的聲音

儘管我們知道這些問題互相糾結，你再如何努力，也很難將人生的區塊分得一清二楚，使工作和家庭互不干擾。你的人生有很多層面，工作只是一部分，另一部分包括家庭、朋友、信仰、健康等等。你知道在做生涯規劃時如何在審慎計畫和無可預期的機會當中求取平衡，並試圖做好時間和精力的資源分配，但是在你走出辦公室大門後，同樣需要運用策略來面對家庭和社交生活。

你時時刻刻都得做決定。有時，你甚至會遭受家庭和工作的雙重壓力，每個人、每件事都需要你。你如何決定先做什麼？看誰吵得最大聲？看誰先要求你？**在你做資源分配時，你必須注意與心中的優先順序相符。你得確定你要的成功是什麼？對你來說，那是不是最重要的？**你必須考慮到時間框架的問題，提醒自己不要被短期的回饋牽著鼻子走，犧牲了長期目標。

沒有結果並非代表失敗，
只能證明你用的方法不對。

堅守原則

說來，這並不容易。即使你知道自己心中真正的優先順序為何，你還是必須每天堅守原則。我想，很多人也許像我一樣，常常被有趣的問題或挑戰吸引。我會為了一個問題思索好幾個小時，在問題解決的那一刻，暫時有種飄飄欲仙的感覺。我因而很容易陷入工作中，不知夜已經深了；或是在走廊上和同事談到忘我；也曾在電話中聽到對方提出令人興奮的新案子，為了這個挑戰雀躍不已。

但我知道這樣對工作狂熱並不符合我心中的優先順序。我必須強迫自己正視我認為最重要的事，也就是我的家庭。因此，我規定自己每天六點就得離開辦公室，趁著天還沒黑，跟兒子一起打球，或是送女兒去上芭蕾舞課。如此一來，才不至於忽略我最重視的事。

如果我不這麼做，我可能就會以我在工作上解決的問題做為成功的量尺，沒有時間陪我摯愛的家人。我告訴自己，在家庭生活的投資雖然並不能得到立即回饋，要很長一段時間才能看出結果，然而家庭的影響是無比深遠的。你雖然能從工作得到成就感，但只有圓滿的家庭生活與人際關係能帶給你長久的快樂。

* * *

在下面的章節，我們將更深入探討家庭與人際關係的問題。然而，我們必須特別注意一點：在與其他人互動時，我們不一定能控制結果，尤其是教養孩子。儘管你用心良苦，給孩子很多的愛，但我們畢竟活在一個複雜的世界，孩子難免會受到朋友、媒體和網路的影響。這些影響都不是你能一手控制的。再者，每一個孩子都不一樣。孩子很少和我們一模一樣，儘管是同一個父母生的，也可能完全不同。我們熱中的事情，孩子可能一點興趣也沒有，他們的行為也不一定像我們。

因此，就兒女的教養而言，從來就沒有通用的法則。如果你把胡蘿蔔放進熱水裡煮，可以煮得軟軟的；要是你放雞蛋進去，就會愈煮愈硬。為人父母的你也許試過很多方法，都沒有用。這時，千萬不要喪氣，認為自己失敗了。如果你仔細想想我們先前討論的，在審慎計畫與無可預期的機會求取平衡，你就會了解，沒有結果並非代表你失敗了，只能證明你用的方法不對，得再試試其他方法。

當然，某些企業管理的工具無法應用在個人生活上。例如，公司可以依照企業文化來雇用員工或請人走路，但你無法選擇自己的孩子，更不能因為孩子不符合你的期望就不要他們。（反之，孩子也不能選擇父母。所以這是公平的。）

我希望下面章節能幫助讀者解決工作和家庭生活上的問題。如果你想成為好丈夫、好妻子、好父母，擁有良好的人際關係，下面提到的理論將對你大有幫助，有助於建立和諧美滿的家庭、培養長久的友誼。雖然我無法保證你百分之百會成功，但你要是不努力嘗試，就沒有成功的機會。

親密、恆久的人際關係是人生快樂的源頭，值得你努力追尋。在下面這一部，我們將探討如何培養這樣的關係，以及如何避免傷害你所愛的人。

④

時鐘滴答響

人生最重要的快樂源頭就是你和家人、好友的關係。但是你一定要小心。家裡的一切看起來似乎很好，你就覺得可以放心，全力為工作衝刺。這將會造成嚴重錯誤。

等到你和家人的關係出了問題，要再回來修補，已經太遲了。表面上看來，家人和朋友不需要你擔心，你似乎不必在他們身上花多少時間，弔詭的是，這正是你最需要把時間放在他們身上的時候。

很少公司推出的產品像銥衛星電話網絡（Iridium Satellite Network）那樣轟動全世界。這種電話系統使你得以透過複雜的衛星網絡，和在地球上任何一個地方的人通話。在銥衛星電話問世時，當時的美國副總統高爾（Al Gore）也幫忙造勢，撥出第一通電話給電話發明人貝爾（Alexander Graham Bell）的孫子。推出銥衛星電話的，就是微電子和行動通訊國際大廠摩托羅拉（Motorola），該公司還為這項產品成立子公司。

美夢成真？

摩托羅拉主管和華爾街分析師都信心滿滿，認為銥衛星電話將會帶動行動通訊革命，吸引幾百萬人來使用。銥計畫團隊為了評估市場，進行深入研究，證實衛星電話有市場需求。摩托羅拉也克服了種種困難，說服各國政府提供頻道給他們的衛星電話使用。

傳統蜂巢式的行動電話系統，則是靠基地台來傳送訊號。如果某一個地方沒有基地台，行動電話便無法接通。由於銥計畫是把語音或數據通信傳到衛星，再由衛星回傳到地球上的受話者，因此可維持全球的覆蓋率，包括無法設置基地台的偏遠地區和海上。因此，你可透過這樣的衛星電話撥打到地球上任何地方。

如果你好不容易登上聖母峰，能打電話回巴爾的摩跟父親聯絡，該多麼令人興奮啊！

不少世界級的科技專家都加入了銥計畫，有些似乎難以克服的障礙也都解決了，但銥計畫卻有一個根本的缺陷。這個計畫到底能不能賺錢？如果你好好想想「什麼樣的假設必須證明為真」，就會發現問題。

大失敗

由於這種衛星電話需要很大的電池才能把訊號傳送到衛星，因此電話機體重約〇．五公斤。拿衛星電話就像提一個小小的手提箱，不像一般行動電話那樣輕盈，可以放在口袋或皮包中。

另一項必須證明為真的假設是：是否任何地點都能接收到？如果你從聖母峰頂端打衛星電話回巴爾的摩給你父親，由於屋內收訊品質極差，你父親得在戶外、站在窗邊，或是你們家剛好屋頂很薄才能接聽電話。

這項計畫總共耗費了六十億美元，然而，自高爾撥打第一通銥衛星電話後不到一年，這個計畫便因虧損過大，必須終止。銥衛星電話公司聲請破產保護，投資人血本無歸。直到十年後，私人投資公司才以二千五百萬美元的跳樓價接手。

為什麼摩托羅拉的主管和投資人像豪賭一樣，把這麼多資金投注在如此冒險的案子上？我們可從「好資金和壞資金」的理論看出端倪。

把雞蛋放在不同的籃子裡

投資人願意掏錢出來投資一家公司的主要目標有兩個，就是追求成長和獲利能力。但這兩個目標都不是容易達成的。深研創新理論的塔夫茲大學教授畢德（Amar Bhide）在《新事業的起源與演化》（*Origin and Evolution of New Business*）一書論道，在所有最後能夠成功的公司當中，有九三％因為最初策略行不通只好放棄。

換言之，成功的公司並非一開始就照著正確的策略進行才成功，而是在最初策略失敗之後，還有多餘的錢可以改變，嘗試其他做法。反之，大多數失敗的公司都是一開始就把所有錢投注在最初的策略上，就像把所有雞蛋放在一個籃子裡，發現策略錯誤時，已無法挽救或重新開始。

好資金vs.壞資金

畢德提出一個簡明扼要的理論，也就是好資金和壞資金。在事業剛起步的階段，你或許還不知道公司策略是否能夠成功，你必須耐心等候公司成長，又急著看到獲利。如此一來，就可用最少的資金很快找到一個可行的策略，不至於花了很多錢才知道走錯了路。在這種情況下投入的資金就是好資金。在所有成功的公司當中，有九三%都必須改變最初的策略，因此在最初策略投注的資金愈多、愈快，也就愈容易把一家公司推到懸崖下。大公司燒錢的速度將比小公司快很多，應變能力也比較差。這就是摩托羅拉付出慘痛代價學到的一課。

如果投入資金之後，急於看到成長而非獲利，則是壞資金。

然而如果一家公司確定策略可行，此時則應該改變目標，一方面急於看到公司成長，另一方面則耐心等待獲利。一旦公司找到行得通而且可以獲利的方法，成功的關鍵就在於如何運用這樣的模式進行擴張。

致命的投資陷阱

最常違反上述原則的人，很多是財力雄厚的投資人和成功的公司。他們在找尋投資新事業的時候，往往一開始就鑄下大錯而不自知。歐森（Matthew

Olson）與范．貝佛（Derek van Bever）合著的《為什麼雪球滾不大》（*Stall Points*）一書中，以三點來解說投資的困境。

首先，由於一家公司最初計畫成功的可能性不高，投資人於是決定等到看到下一波成長的時候再說。即使這家公司一開始的表現就很不錯，看起來頗有成長潛力，投資人也決定再給這家公司多一點時間，讓他們找到可行的策略。儘管該公司需要更多的資金，投資人還是覺得今天就投入資金有點冒險，決定等到明天再說。

好了，明天已經到來，然而原來的計畫卻進入成熟期，停止成長。擁有資金的投資人這才發現自己坐失良機，早在幾年前就該投資了。此時，成長和獲利的引擎不再強勁有力。

第三，投資人希望投資的對象是發展快速的大公司。以一家產值達四千萬美元的公司而言，如果每年要成長二五％，來年產值就得增加一千萬美元。但是如果一家公司的產值高達四百億美元，第二年要成長二五％，就得增加一百億美元。這樣的賭注和壓力都非常巨大。為了使公司加速成長，股東就得挹注龐大的資金。問題是，坐擁太多的資金，這家公司在執行策略時，往往失之輕率，未能審慎地評估策略是否錯誤，最後只是加速衝向失敗的深淵。這樣的故事可說不勝枚舉。

這個理論也可解釋，為何本田最後能以輕型機車攻占美國機車市場，而摩托羅拉令人矚目的銥衛星電話計畫何以慘敗。說來諷刺，本田會成功正因為他們剛開始在美國發展的時候資金窘困，不得不耐心等候成長，慢慢研究可以獲利的模式。如果本田向美國市場進軍時，沒有資金短缺的束縛，自然願意投入更多資金在重型機車的案子上。畢竟這是公司的既定政策。

但從投資的觀點來看，這就是壞資金。反之，本田別無選擇，為了求生存，只能把焦點放在輕型機車小狼上。他們必須靠銷售小狼來維持公司營運。這就是本田機車在美國得以成功的關鍵——他們迫於情勢不得不按照

我們常常為了工作，
吝於在人際關係上投資，
因而失去人生的快樂。

「好資金」的理論來投資。

另一種做法剛好相反：投資人先拿出一大筆錢，希望看到公司一飛衝天，再來考慮如何獲利。這就是摩托羅拉發展銥衛星計畫的做法。翻開歷史來看，你會發現有很多公司都想走捷徑，不惜投入巨額的資金，最後卻走上死路。

從樹苗到樹蔭

鑑於上面提到的資金理論與因果關係，對大多數的公司來說，總有一天，他們會發現公司的主要業務岌岌可危、發展陷入停滯，這時他們則會面臨需錢孔急的窘況。

即使發現新的案子可為公司帶來利潤，由於一開始沒在這個案子上投資，現在已無法解燃眉之急。這就像你希望家中後院有綠蔭乘涼，現在才種下樹苗。大樹不是一夜之間可以長出來的。你必須在多年前就種下樹苗，多年悉心培養、照料，最後才能享受綠蔭。

錯過，就無法重來

壞資金理論也適用於人生。很多人都在職場上拚命，有傑出的表現，而且樂在工作。我們以工作來證明自己能在壓力下完成很多事情。我們努力完成案子，讓客戶滿意，希望自己贏過同事。我們把自己投資在工作上。為了做到這點，我們把全副心力放在工作上，把工作當作生活的全部。

即使度假，我們也不忘打電話回公司。其實，由於要做的事堆積如山，很多人沒能休完所有的假。**我們把工作和自我認同相結合，不管走到哪裡都帶著智慧型手機，**經常查看訊息，如果連線出了問題就會陷入焦慮，擔心自己錯過什麼重要的事。**我們希望家人或關係親密的人都能接受我們忙於工作的現實，體諒我們不能陪他們。**畢竟，他們也希望看到我們成功，不是嗎？

我們發現自己常常忘了回覆家人或朋友的來電，錯過他們的生日，或無法一起慶祝重要節日。

不幸的是，我們也像上述投資人，沒能抓住投資未來的契機，失去人生的快樂。

雖然大多數人都希望與家人和朋友建立親密、良好的關係，卻常常為了工作，吝於在人際關係上投資，最後不免有相識滿天下，知心有幾人的感嘆。不少人婚姻觸礁，夫妻反目成仇，即使與孩子同住在一個屋簷下，也疏遠得像陌生人，甚至，養育自己孩子的是前夫或前妻再婚的對象。

然而，我們無法讓時光倒流。

親情、友情需要長期經營

我有一個鄰居，姑且叫他史蒂夫。多年前他就告訴我，他這輩子最想做的事就是自己開公司當老闆。雖然他有很多很棒的工作機會，能向他那一行的佼佼者學習，薪水也很不錯，但他就是不肯放棄當老闆的美夢。自己開公司必然要投入更多時間在工作上，也得從錯誤中學習。他的家人、朋友都很能諒解。畢竟史蒂夫不是為了自己一個人工作，他這麼努力也是希望能讓家人過更好的生活。

但在家庭生活投資太少，最後還是得付出代價。就在公司好不容易做得有聲有色時，他的婚姻已經破裂，身陷離婚的痛苦。如果這時他的兄弟姊妹或朋友安慰他、支持他，應該很快能走出傷痛。**然而，由於他疏於經營人際關係，最後才發現自己是孤單一個人。親友並非故意不理他，只是很久沒聯絡，關係已經疏遠，每一個人都怕自己的干涉被認為是打擾。**

於是史蒂夫離開家，在原來住的城市另一頭找了間小公寓。他設法使這個住處看起來溫馨，不時可和自己的兒女在這裡團聚。雖然當初結婚時，他很用心討好老婆，但由於長期處於工作勞累的狀態下，他一直有蠟燭兩頭燒的感覺。到了孩子上中學，夫妻仳離，就算輪到他跟孩子相

如果不在人際關係上投資，
再有錢也無法彌補內心空虛。

處，孩子也不見得想跟他在一起。畢竟為了跟老爸吃飯或看電影，他們必須放棄和朋友出去玩的機會。在孩子心目中，這個老爸其實已經可有可無。

史蒂夫回想過去的一切，不禁感嘆：**如果自己在年輕的時候做了不同的選擇，在家庭生活多投資一點，也許現在老婆、孩子還在他身邊。**

友誼照亮黑暗人生

像史蒂夫這樣的人很多。我們都認識這樣的人，也怕自己多年後變成這樣。這也是四〇年代的一部老電影「美好人生」（**It's a Wonderful Life**）至今仍打動人心的原因。

主角貝禮（**George Bailey**）是個老好人，畢生樂於幫助別人，但最後還是沒什麼成就，而且差點被陷害入獄。當貝禮計劃在耶誕節前夕跳橋自殺之際，守護天使出現了，讓他明白所有人都喜歡他、關心他，這都是他多年來經營人際關係的成果。貝禮終於恍然大悟，儘管他一貧如洗，卻擁有很多珍貴的友誼。

我真希望像貝禮，在最黑暗的時候，仍然可以看到友誼的光，然而如果我們不在人際關係上投資，再有錢也無法彌補內心的空虛。

人生投資可否有先後次序？

稍微想想，我們就會發現在忙碌的時候疏忽了哪些人。你或許希望家人很愛你，你和朋友的友誼深厚，他們不會在乎被你疏忽，其實不然。如果你長久不花時間、精力去培養人際關係，你身邊的人最後還是會離你而去。

很多人到了年華老去才覺得孤單，見不到親人、朋友。但是在年輕的時候，總是因為太忙而顧不到別人。我不知看過多少像史蒂夫這樣的人，只能一個人孤單地面對病痛、離婚或失業的打擊，沒有人願意伸出同情的手，帶他們走出傷痛。

人生最孤涼的景況莫過於此。

不少很有潛力的年輕專業人士認為，人生投資可以按照自己規劃的先後次序進行。例如，他們會說：「我可以在孩子還小的時候，專心在事業上衝刺。等孩子大一點，和我們大人的興趣比較接近時，再放慢事業腳步，多花心思在孩子和家庭上。」這是常見的錯誤。**等到你事業有成，想回歸家庭的時候，通常已經太晚了。在孩子身上投資必須很早，比你想像的時間點要來得早，你才能教他們如何面對人生的挑戰。**

把握孩子生命最初三十個月

我們可從一些重要研究得知，嬰幼兒時期對一個人心智發展的重要性。我與另兩位作者曾在《來上一堂破壞課》（*Disrupting Class*）一書提到，瑞斯里（Todd Risley）與哈特（Betty Hart）研究父母在孩子兩歲半之前和孩子說話的影響。

他們仔細觀察、記錄這些親子的互動，發現父母平均每小時和孩子說一千五百個字。比較喜歡說話的父母（通常擁有大學學歷）平均每小時和孩子說二千一百個字；反之，比較不喜歡說話的父母（通常教育程度較低）平均每小時則只說六百個字。

如果把孩子出生前三十個月聽到的話語加起來，對喜歡說話的父母而言，他們的孩子約可聽到四千八百萬個字，與不喜歡說話的父母相比，他們的孩子則只聽到一千三百萬個字。研究人員認為，滿週歲前是孩子接受話語刺激的最關鍵時期。

瑞斯里與哈特繼續追蹤調查這些孩子上學後的表現，發現孩子在生命最初三十個月聽到的話語愈多，日後在字彙和閱讀能力測驗的表現也愈好。他們還發現，親子談話的模式對孩子也有很大的影響。

他們注意到兩種談話模式，一種是「命令」或「指示」式，如「該睡午

如果父母願意多跟孩子說話，
將使孩子的思考更為敏捷，
未來成功的機率也大增。

覺了」、「我們開車出去晃一晃吧」或是「喝完牛奶」之類簡單、直接的句子。瑞斯里和哈特認為這種談話模式對認知發展的影響有限。

反之，**如果父母面對面和孩子談話，好像把孩子當大人一樣，用比較複雜、成熟的語句和他們交談，對孩子的認知發展會產生很大的影響。他們稱這種豐富的互動方式為「舞動的語言」——雙方你一句我一句，把自己想的大聲說出來，或是評論對方正在做的事或計劃做的事。**

幫助孩子深入思考

例如：「你今天想穿藍襯衫或紅襯衫？」「你還記得我上次不小心把你的奶瓶放到微波爐裡面？」等。父母通常會用「如果……」、「你記得……」或是建議，用來幫助孩子深入思考發生在自己周遭的事。也許父母心想孩子還小，未能了解話語的內容，但這時其實已經有了深遠的影響。

簡而言之，如果父母願意多跟孩子說話，孩子大腦中的突觸傳導效能就會增強。突觸就是神經細胞之間的連接點，作用是讓訊息在神經細胞之間傳遞。突觸的傳導效能增強將使思考更為敏捷。

這點非常重要。孩子在生命最初三年聽到四千八百萬個字，不僅比聽到一千三百萬個字的孩子神經連結活絡三．七倍，對大腦細胞作用之大，更是呈指數般的增長。每一個大腦細胞都和幾百個細胞相連，這些細胞之間的突觸可能多達一萬個。這意謂從出生就接受密集語言刺激的孩子，與刺激不足的孩子相比，前者在智能發展的優勢遠遠高於後者。

親子互動黃金期

此外，根據瑞斯里與哈特的研究，「舞動的語言」就是這種認知優勢的關鍵，而非父母的收入、種族或教育程度。瑞斯里與哈特說：「有些勞動階級的父母常跟孩子說話，他們的孩子表現非常優秀。有些父母是公司主管，生活富裕，但因為很忙，很少跟孩子說話，他們的孩子則表現很糟……會有這樣的差別，主要在於孩子三歲前父母是否常常和他們說話。」

如果孩子在學齡前已累積很多字彙，認知能力也很強，入學後的表現自然比較好，未來成功的機率也大增。

在孩子出生頭幾年只要投資這麼一丁點兒，就能有如此驚人的收穫。這樣的投資報酬率好得教人無法置信。但是很多父母還是認為不急，等到孩子上學之後，再注意他們的成績表現即可，沒想到他們已經錯失親子互動最寶貴的機會，沒能幫孩子贏在起跑點。

家人和朋友的關係也是。如果你老早就開始投資，你得到的收穫和滿足將遠超過你的想像。

如果遲遲不在家人和朋友身上投資時間和精力，等到你想這麼做的時候，往往為時已晚。你總是認為事業優先，等到事業起飛之後，再來好好照顧家人，其實，你往往無法這麼做。如果你希望擁有圓滿、幸福的人際關係，必須老早就開始在家人、朋友身上投資。你需要他們的時候，他們才會在你身旁。

我真的相信，與家人與朋友關係和諧、良好，就是快樂最重要的源頭。雖然聽起來簡單，但這就像任何重要投資，你必須不斷關心、注意。然而，即使你想做這樣的投資，也會經常碰到兩種阻力。

＊　＊　＊

首先，你或許想把資源投入其他地方，例如短期內就可獲得回饋的事情。其次，家人和朋友很少在你耳邊吼叫，要你重視他們。他們愛你，也支持你的工作。最後，你可能不知不覺忽略對你而言最重要的人。我們從壞資金的理論可得知，要建立圓滿的家庭與人際關係無法拖延、等待。如果你不在這些關係下功夫，等到年華老去，你將在人生之路踽踽獨行，不知快樂為何物。

⑤

一杯奶昔的任務

很多產品會失敗，是因為公司當初從錯的角度進行開發。那些公司把焦點放在他們要賣什麼給顧客，而非顧客想要的是什麼。他們無法和顧客同感，沒有深入了解顧客買他們的產品是為了解決什麼樣的問題。

人際關係也是：我們常常只想到自己要什麼，而不是別人想要什麼。如果你能從別人的角度來看事情，將心比心，就能增強你的人際關係。

幾乎每一個人都聽過ＩＫＥＡ這家種類多樣、價格低廉的家具連鎖店。ＩＫＥＡ是全世界最成功的企業，過去四十年來不斷在全球各地展店，每年營收超過二百五十億歐元。這家企業的創辦人坎普拉（Ingvar Kamprad）已躋身世界首富之列。對一家販售顧客自行組裝的廉價家具而言，ＩＫＥＡ的表現可謂可圈可點。

令人不解的是，過去四十年來，為何沒有人仿效ＩＫＥＡ？

設想周到的小幫手

ＩＫＥＡ獲利豐厚，是家具零售業的龍頭老大，也沒有什麼了不起的商業機密，有心複製ＩＫＥＡ成功經驗的競爭對手，只要到店裡走一走，對其產品進行還原工程（reverse-engineering），也就是將ＩＫＥＡ的產品逐步解體，了解其設計方向、所用零件、產品結果和組裝方法，就能製造類似產品，甚至也可以推出相似的型錄……為什麼沒有人如法炮製？

原因在於，IKEA的整體商業模式和傳統家具店有很大的不同，包括購物經驗、賣場配置和包裝方式等。大多數家具連鎖店都以某一種客戶群或某種產品為主。像是客戶群可依照年齡、性別、教育程度或收入水準細分為若干群體。以家具零售業而言，如列維茨家具（Levitz Furniture）就專門販售廉價、耐用的商品給收入較低的顧客；伊莎艾倫（Ethan Allen）則賣古典或鄉村風格的高檔家具給富有的顧客。其他還有專營都市現代風格的家具店或辦公家具等。

但IKEA採用完全不同的做法。他們並不針對某一種客戶群或產品，而是以顧客的需求為出發點，幫他們完成生活上「必須完成的工作」，成為顧客生活的好幫手。

工作？

過去二十年，我一直致力於創新研究，關於市場行銷與產品發展，我和同事想出一個理論，也就是所謂「必須完成的工作」——意即我們購買某種產品或服務，不是為了產品本身，而是產品可以幫助我們完成生活上的一些工作或解決問題。

解決「必須完成的工作」

我們並不是依照自己所屬的某種人口特性在過生活。例如，你購買某種產品，並不是因為你的年齡層在十八歲到三十五歲之間、你是男性而且擁有大學學位。雖然你的背景或許和你是否下決定買這種產品有關，卻不是你購買該產品真正的原因。

反之，我們經常發現生活中有些工作非做不可，因此想辦法去完成。如果某一家公司開發某種產品或服務可幫我們完成工作，我們就會購買。如果這樣的產品市面上還沒有，我們只好找一個變通的方式。因此，**我們想要購買某種產品的心理機制如下：「我有件工作必須完成。這種產品剛好可以幫我做好。」**

我兒子邁可最近利用ＩＫＥＡ解決了生活中必須完成的一件事，我因而更加了解這家公司為何會如此成功。過去他一直是個省吃儉用的學生，不久前搬到一個新的城市，為新的雇主工作。他打電話跟我討論一個問題：「爸爸，我明天要搬到我租的公寓。我得把家具準備齊全。」

這時，我們兩人同時想到一家店，也就是ＩＫＥＡ。

ＩＫＥＡ了解你的需要

ＩＫＥＡ並非只賣某一類家具給某一群消費者。反之，他們想到的是大多數消費者搬到一個新環境或成家時所面臨的問題：我得在明天把家具準備齊全，翌日才能安心上班。競爭者或許可以模仿ＩＫＥＡ的產品，甚至賣場配置也可和ＩＫＥＡ一模一樣，但沒有人學到ＩＫＥＡ整合產品和賣場配置的精髓。

在ＩＫＥＡ貼心的安排下，消費者很快就能找到自己需要的東西。也許你必須開半小時的車才到得了ＩＫＥＡ，但你一趟就可以買到所有的東西。

IKEA的賣場規模因而愈來愈大，而且隨時注意庫存是否足夠。他們甚至有專人看管的兒童遊樂區讓孩子在賣場玩耍，父母才能專心採購。

試想，如果孩子一直在旁邊吵鬧或拉你的袖子，你很容易忘記買某樣東西或只能在倉促之下選購。如果你餓了，IKEA賣場裡面就有餐廳，你不必到外頭找東西吃。IKEA所有的產品都包裝平整，易於攜帶，讓你結帳後隨即可用自己的車子搬回家。如果你買了太多東西，車子裝不下，也可付費請IKEA送貨到家。

由於IKEA處處為消費者著想，很多人因而成為IKEA的忠誠顧客。像我兒子邁可就對IKEA非常死忠，每次要裝修公寓、房間或買家具，一定往IKEA跑，因為他知道IKEA能幫他建構一個舒服的家。如果親戚朋友要裝修房子或買家具，邁可一定大力推薦IKEA，說明IKEA為何比別家來得好。

我們購買某種產品或服務，

不是為了產品本身，

而是因為它可以解決問題。

如果一家公司能了解顧客生活所需，在發展產品時從顧客的角度來看，也考慮到購買和使用經驗，往後顧客如果有需要，必然會立刻想到該公司的產品。若是一家公司製造出來的產品標榜有很多功能，但是沒有一樣做得好，那就難以培養忠實顧客。顧客要是看到別家也有差不多的商品，而且有折扣，馬上就變心了。

更便宜？更濃郁？更多碎片？

上述「利用產品來完成某項工作」的理論，出自我的行銷研究個案。我和幾個同事為一家大型速食店想辦法，看看怎樣才能增加奶昔的銷售量。那家公司先前已花了幾個月的時間研究。他們鎖定目標顧客群，問他們一些問題：「請問我們該如何改善奶昔，你才會想要多買一點？你希望巧克力的口味更加濃郁嗎？」

價格更便宜嗎？還是有更多的巧克力碎片？該公司收集了所有的顧客

意見，然後加以改善。他們調整了配方，努力使奶昔更受顧客的歡迎，但新的奶昔表現只是平平，銷售量和獲利率都沒有提高。那家公司不知怎麼做才好，所以請我們幫忙。

我的同事莫埃斯塔（Bob Moesta）提議用完全不同的觀點來看這個奶昔的問題。他說：「我想知道顧客在生活上碰到什麼事，使他們想進來買一杯奶昔？」

這個問題很有意思。於是速食店請人長時間在店裡詳細記錄一些資料：顧客買奶昔的時間是什麼時候？他們穿什麼樣的衣服？一個人來買嗎？除了奶昔，是否買了其他東西？他們在店裡喝奶昔，還是外帶？

為什麼只買奶昔？

結果讓人大為驚訝：將近一半的奶昔都是在清晨時段售出；顧客幾乎都是一個人來買奶昔的；他們只買奶昔，沒買其他東西；幾乎所有客人買了奶昔就開車走了。

我們想了解顧客買奶昔是為了什麼，於是另一天早晨又站在店門口，問那些手裡拿著奶昔、正要離開的客人。

我們用簡要的問題詢問他們：「對不起，可否請你說說，你買這杯奶昔可以幫你完成什麼樣的事？」如果他們一時之間答不上來，我們就給他們提示：「請想想上次你是在什麼樣的情況下來買吃的？是否需要完成同樣的事，只不過不是買奶昔，而是買別的？」有人說香蕉，還有人說甜甜圈、貝果、棒棒糖，然而大多數的顧客仍偏愛奶昔。

答案藏在細節裡

我們把所有答案總合起來，發現這些一大清早買奶昔的顧客幾乎都有同樣的事要做：他們要開很久的車去上班。這一路非常無聊，得找點有趣的事來做。他們其實不怎麼餓，但他們知道過了一、兩個小時，肚子鐵定會餓得咕咕叫。

有一個人說：「如果我不買奶昔，有時我會買香蕉。但請你聽我的話：別買香蕉。香蕉一下子就吃完了，到了早上十點左右，你又會餓了。」有人則抱怨說，如果一邊吃甜甜圈一邊開車，甜甜圈容易掉屑，讓手指頭變得黏黏的，或是弄髒衣服、方向盤。如果吃貝果呢？貝果太乾，而且沒什麼味道，有人不得不把貝果擱在膝上塗奶油奶酪或果醬。另一個人說：「有一次我吃了一條士力架。但早餐吃巧克力棒讓我很有罪惡感。我再也不這麼做了。」

如果是奶昔呢？那就好多了。如果你用細細的吸管吸一杯濃稠的奶昔，不會一下子就吸光。即使上午過了一半，還不覺得餓。

有一個人滿心歡喜地說：「你看這奶昔這麼濃，我要二十分鐘才吸得完。我才不在乎奶昔的成份是什麼，只要讓我一整個早上都有飽足感就好

> 同樣的產品可能用來完成完全不同的事。

了。而且奶昔杯子可以放在車內的飲料架上。」他一邊把空空的手舉起來。最後，我們發現，奶昔是長途開車通勤的最好良伴，勝過其他食物或飲料，如香蕉、貝果、甜甜圈、早餐棒、果泥、咖啡等。對速食餐飲連鎖店而言，這真是突破性的洞見。但我們的洞見不只於此。我們發現，同樣的產品可能用來完成完全不同的事。

滿足說「好」的父愛

原來，在下午和晚上，來買奶昔的客人很少是通勤者，大都是做父親的。這些做父親的一整個星期下來不知跟孩子說過幾次「不行」。不行，不能買新玩具。不行，不能太晚睡。不行，不能養狗……。

我發覺，我也是這樣的父親。我為什麼會來到速食店買奶昔？我想跟孩子說「好啊」，讓他們覺得我是個愛他們的好父親。我在點餐檯前排隊，兒子跟我說他想點什麼餐。接著，他抬起頭來，問我：「爹地，我可以點奶昔嗎？」那一刻，我終於可以說「好啊」，讓兒子滿足，自己也跟著高興。我把手放在他的肩膀上，說：「當然，你可以點奶昔。」

然而，我們發現奶昔在這個時候的表現差強人意。我們仔細觀察周遭帶孩子來用餐的父親。做父親的就像我，很快就吃完了。小孩把吸管插進奶昔，吸了大半天還沒吸完。

沒有標準答案

做父親的只是想利用奶昔對孩子示好，不希望這一頓晚餐拖太久。他們漸漸失去耐心，最後說：「兒子，我們時間有限……」他們不得不把喝了一半的奶昔丟掉，迅速把桌子清理乾淨。

如果速食連鎖店問我：「那我們要如何改善奶昔，使這款產品更暢銷？更濃稠？更甜？還是加量？」其實，我要的都不是這些，我只是利用奶昔來完成兩種截然不同的工作。他們分析奶昔的主要顧客群（即四十五歲到六十五歲這個年齡層的上班族），發現單一產品並無法滿足所有消費族群的需要。

反之，如果你了解奶昔主要用來幫顧客完成兩種不同的工作，就知道如何著手改善。早晨供應的奶昔必須更濃稠，讓顧客可以吸得更久。你還可以考慮加上果粒，不是為了健康，而是使開車通勤這件事變得更有趣，讓顧客驚喜：沒想到奶昔裡面還有果粒。最後，你還可以把奶昔的機器從後方推到櫃台前面，加上自動販賣裝置，客人就不必浪費時間排隊，可以拿了就走。

下午或晚上的做法則完全不同。也許下午之後提供的奶昔可以減量成原來的一半，或是稀一點，讓小孩能很快吸完。

「十二分鐘遊戲」大受歡迎

由於情況不同，不可能只有一個標準答案。首先，你必須了解顧客的心，知道他們想要完成什麼樣的事。

不久前，有一個人帶著他發明的紙牌遊戲，拜訪位於新罕布夏的大創意集團（Big Idea Group）。然而，大創意集團的執行長柯林斯（Mike Collins）認為這種紙牌遊戲很難賣。就在那個發明人收好東西準備離去前，柯林斯問他：「你為什麼會想到發明這種遊戲？」他只是淡淡地提到，這個遊戲如何幫他解決生活中不斷出現的問題。「我有三個小孩，工作又很忙。每天下班回家，吃完晚餐已經八點了，孩子該準備上床睡覺。這一整天，我都不能陪他們玩什麼好玩的。我該怎麼辦？拿大富翁出來？還是下棋？我需要找出一種好玩的遊戲，但是必須在十五分鐘之內玩完，收拾好。」

啊！這個男人至少一個星期有五天會面臨這樣的問題。雖然柯林斯覺得他發明這款紙牌遊戲沒什麼特別，但這個遊戲的價值在於，它能幫為人父母解決親子相處的問題，也就是幫忙他們完成工作。不知有幾百萬個父母，每晚都在為同樣的事苦惱。因為這種紙牌遊戲的問世，後來

如果能從別人的角度看事情，
就能增強你的人際關係。

又出現一系列「十二分鐘遊戲」。**這種紙牌遊戲的發明人從親身遭遇得到洞見，進而幫數百萬個父母解決了一個令人頭痛的問題。**

每一種成功的產品或服務之所以能大受歡迎，是因為這種東西幫我們完成了不得不做的工作。這就是購買背後的因果機制。如果一個人開發出一種有趣的產品，但沒能幫上消費者的忙，這種產品就難以成功，除非經過適應、調整，使這項產品能為消費者完成生活中某個重要的工作。

當產品融入生活

金寶公司（Campell）的V8蔬菜汁就利用這樣的理論，成為消費市場上的贏家。金寶公司的主管在四年前參加我們的管理進修課程時，談到他們的經驗。這種蔬菜汁含有八種蔬菜的營養，多年來與金寶合作的廣告商都強調這一句：「哇！早知道就喝V8！」（讓攝食蔬菜不足的消費者覺得後悔），但是他們的銷售手法和果汁、汽水等飲料差不多，只有少數消費者喜歡喝這種蔬菜汁。

金寶公司的主管上了我們的課後，了解以「幫顧客完成工作」的角度來定義產品和市場區塊，這才恍然大悟，了解自家產品的優勢，也就是可以提供蔬菜的營養素。

我們長大成人離開家之後，都答應媽媽我們會乖乖吃蔬菜，確保自己維持健康。然而，如果你去市場買菜回來，便有得忙了，你得削皮、切片、切塊、切絲、煮沸、放在鍋裡炒或烘烤，然後才能吃頓飯，而且你煮的還不一定美味。

金寶的主管說：「消費者可能說，我只要喝V8蔬菜汁，就能得到所有的營養素，如此一來，老媽就不會再嘮叨，說我不吃蔬菜了。最重要的是，這種蔬菜汁開罐即可飲用，不必大費周章地準備，既省時又省力。」該公司了解到這點之後，把焦點放在一瓶V8蔬菜汁即可提供一日所需攝取的蔬菜營養素。這個策略果然奏效。他們重新定義V8蔬菜汁的任務，讓消費者了解這瓶果菜汁能幫他們完成的工作，不到一年，V8蔬菜汁的營收成長了四倍。原因就在這項工作不是果汁、汽水等其他飲料可以取代的。

我們與人互動時，不知不覺也常採用以工作為出發點的心態模式。以下將以我們對美國學校教育的觀察與研究為例來說明。我們已經出版這項研究的成果，也就是《來上一堂破壞課》一書。我們希望藉由這個研究解開的謎題之一是：為什麼美國學童缺乏學習動機？我們已經把科技、特殊教育、娛樂、校外教學等改善的做法引進課程中，但似乎還是沒多大的改變。

這是怎麼回事？答案就在了解學生希望學校給他們什麼，幫助他們完成工作，獲得自己想要的。

上學是為了什麼？

我們得到的結論是，上學這件事並非學生希望完成的工作。上學是一種手段，而非目的。學生希望學校幫他們完成的工作主要有二：一是獲得成就感，二是交朋友，而且每天都能如此。當然，他們可以透過學校達成這樣的目的。有人學業成績表現優異，在學校交了不少朋友、參加樂團、數學研究社或加入籃球隊。但他們不一定要上學才能得到成就感、交朋友。例如，他們可能輟學，加入幫派、開車在街上遊晃。

從工作的觀點來看，顯然學校並沒有做得很好。大多數學生非但在學校得不到成就感，反而覺得自己是個失敗者。我們或許認為，有學習動機的學生才能成功。但我們發現，**所有學生都有想要成功的動機，卻只有少數學生可從學校得到成就感。這就是問題所在。**

我們已從上述連鎖速食店的案例得知，學校會失敗的一個原因，是沒能考慮到學生真正需要什麼，就如同速食店的奶昔改良計畫，起初沒能幫顧客完成他們必須做好的工作。如果只是在課堂上告訴學生為什麼該這麼做，並無法說服學生認真，我們必須讓學生親身體會學校生活帶給他們的成就感和友誼。

上學是一種手段，而非目的。學生希望學校幫他們完成的，是獲得成就感與交朋友。

如果學校提供的課程能滿足學生所需，讓學生每天都能獲得成就感，那麼輟學或缺席的學生就會漸漸減少，最後趨近於零。學校課程若能達到這個目的，學生就不會排斥困難的教材，樂於接受挑戰。

設身處地為人著想

在你的工作生涯和個人生活中，如果你能確實掌握必須完成的工作，將得到莫大的回饋。如果我們拿上述的工作理論來看人生，你就會發覺，在你這一生，最重要的任務就是做一個好丈夫或好妻子。如果你能做好，我相信你必能擁有幸福美滿的婚姻。

正如我們從工作理論來了解學生想從學校得到的東西，我將在下面討論這種看法對婚姻和關係會產生什麼樣的影響。（為了敘述簡要，在此以男性做為第二人稱。其實，這樣的概念適用於每一個人，不管是男人，還是女人。）

你和你太太就像前面案例中購買奶昔的顧客，我們不一定能明確說出自己想要做什麼，更別提你太太希望你做的。如果你想了解太太真的需要你為她做的，就得靠直覺和同理心，你必須設身處地為她著想。再者，你太太做的和你認為她應該做的，常常大不相同。

很多做先生或是做太太的大方無私地給另一半很多東西，但這只是他們一廂情願的想法，認為另一半應該想要那些東西。例如做先生的說：「親愛的老婆，我要送妳一支鈦衛星電話。妳一定會愛死這玩意兒。」說來諷刺，很多婚姻會變得不快樂，正是因為這種「無私的付出」。

愛，不等於了解

我們常常認為自己知道另一半要什麼，而非花心思深入了解配偶的生活，他們必須完成哪些事。例如，我的朋友史考特，家裡有三個未滿五歲的幼兒。有一天，他下班回家，發現家裡很不尋常——早餐用過的餐盤還擺在桌上沒有清理，老婆也沒準備晚餐。在那一刻，他感覺老婆芭芭拉這天必然特別辛苦，需要有人幫助。他一句話都沒說，隨即捲起袖子，洗碗、煮晚餐給孩子吃。他忙到一半，芭芭拉就悄然離去。他餵孩子吃飯時，突然想到：芭芭拉去哪裡了？他拖著疲憊的身軀爬上樓找芭芭拉，發現她一個人待在臥房。他本來以為老婆大人會很感激他做的一切，沒想到芭芭拉竟對他生氣。

他呆住了。這是怎麼回事？儘管他上了一天班，累個半死，還是幫忙做家事、照顧孩子。他到底是哪裡做錯了？

芭芭拉說：「我辛辛苦苦一整天，你怎能對我不理不睬？」

「你認為我不理妳？」史考特說：「我幫妳洗碗、清理廚房、煮晚餐、餵孩子吃飯。妳怎麼會認為我不理妳？」

之後，史考特才明白芭芭拉怎麼了。沒錯，先前他幫芭芭拉做的都很重要，他以為這就是芭芭拉需要的。芭芭拉解釋說，她覺得辛苦，不是因為做不完的家事，而是她一整天為了應付這三個小蘿蔔頭而焦頭爛額，完全沒機會跟任何一個大人說話。這時，她需要的是跟一個關心她的大人好好聊聊。

雖然史考特幫忙做了家事，那只會讓她有罪惡感，對自己生氣。

每天，全世界不知道有多少對夫妻演出同樣的婚姻戲碼。我們把自己的念頭投射在伴侶身上，以為自己了解伴侶需要什麼。史考特自己在又煩又累的情況下，也許希望有人可以伸手幫忙，於是他認為這也是芭芭拉需要的，因此下班後幫她完成家事。

瞧，我們的出發點都是良善的，然而還是做錯了。做先生的認為自己為了家庭無私地付出，同時也認為老婆未免過於自我中心，甚至沒注意到他的努力。其實，公司行銷人員和顧客的互動也常是如此。

的確，我們可以為伴侶做任何事情，但是如果我們做的並不是她最需要的，就可能面對挫折與困惑。我們弄錯了方向，只是做出一杯更濃郁的巧克力口味奶昔，而非顧客想要的。**這或許也是婚姻中最難的一課。即使我們用心良善，也有深切的愛，還是常常誤解彼此需要的。**我們每天有做不完的瑣事，與另一半的溝通僅止於誰必須做什麼。我們認為自己想的就是對的。

如果你把「必須完成的工作」當做一面透鏡來看待婚姻，你就會發覺最幸福、忠實的夫妻通常都能為對方設想，因此能夠適切地完成該做的事。像我本身就覺得受用無窮。我真正了解我太太的需要，且把事情做好，我發覺我也更愛她了。我希望她也有同樣的感受。反之，如果你總是認為你需要的，對方無法給你，這樣的婚姻難免會以離婚收場。你想，既然她不能給我，那我再另外找一個人就是了。

犧牲讓人更投入

談到犧牲與承諾，似乎不是我們直覺喜歡或願意去做的。但我深深相信，**要擁有融洽的伴侶關係，並非找到可以讓你快樂的人，而是你願意努力讓你愛的人高興。**你願意盡最大的努力，讓那個人快樂。你覺得那個人值得你這樣做。我們會深愛彼此，那是因為我們互相了解對方需要什麼，也樂意去滿足她的需要，甚至不惜犧牲自己，幫助她成功，讓她快樂。

犧牲會讓我們更投入。不只婚姻如此，與家人、朋友的關係也是。你的

犧牲也使你與你工作的組織、你的文化、你的國家有更深的連結。

試以美國海軍陸戰隊為例。陸戰隊的成員都對這個團體、同僚和國家有很深的歸屬感。加入海軍陸戰隊可不是好玩的，對很多年輕成員而言，都是有生以來最嚴酷的考驗。他們的工作非常危險，還有可能送命。但他們都願意為團體和同僚犧牲。

你不時可在美國各地看到這樣的汽車保險桿貼紙：「Semper Fi」。這是拉丁文，意謂「永遠忠誠」，這就是海軍陸戰隊的精神標語。

傳教之行的啟示

我女兒安妮也有這種經驗。她曾到蒙古當傳教士。當她告訴我們，她將前往蒙古的時候，她弟弟給她一番行前導覽：「這是一個偉大的地方，但別在冬天的時候去，因為那裡的氣溫低到攝氏零下五十三度；也別在夏天的時候去，那時會熱到攝氏五十一度。春天也不是好時節，因為戈壁沙漠將吹起沙塵暴，不但車子的烤漆會被刮掉，你也可能被剝去一層皮。除了這些缺點，你應該能享受這個美麗的地方。」

雖然聽來似乎不太妙，我們還是讓她去。正如旅遊書上所說，蒙古的生存環境可能極為險惡，我們也了解成吉思汗為何急欲往南發展。由於氣候條件惡劣，當地幾乎草木不生，只有少數地區能種植穀物和蔬菜。因此，幾乎所有食物（包括點心）都取自動物，如馬、羊、犛牛和山羊。安妮足足在那裡待了十八個月，主要的工作是教書和傳教，協助當地人。

她從小到大沒吃過這麼多苦。然而你知道嗎？安妮回來之後，仍對那些蒙古朋友念念不忘，也更堅定志向，一心為教會奉獻。

我年輕的時候曾在韓國當過傳教士，不但認識了這個國家，也在當地結交了不少朋友。那時韓國仍是亞洲最貧窮的國家。我和安妮會到這樣的地區服務、傳教，並非因為這份工作輕鬆、好玩。反之，這是最困難的挑戰。因為全心的奉獻與投入，我們和教會以及當地人有了更深的連結。

當然，我們必須確認我們的犧牲是值得的，就像我和安妮投入在教會的工作。或許家人更值得我們付出。不管是深厚的友誼，或是圓滿的家庭和婚姻，莫不根植於這樣的犧牲與奉獻。

最快樂的困難時光

我很早就從我太太娘家發現這樣的道理。我太太克莉絲汀來自一個大家庭，她是老大，有十一個弟妹。

雖然他們並不富裕，但這一家人充滿愛，總是盡力互相幫助，不惜犧牲自己。如果家人有人遭遇困難，其他人總是立刻伸出援手。我真的很少看到這樣親密、團結的家庭。

以我自己的親身經歷來說，我在英國求學時得知父親得了癌症，過了一、兩個月，我已經很清楚他不可能好轉，於是我回家幫忙照顧他。我不能把父親丟給我母親和兄弟姊妹，一個人在國外求學。我想都沒想就決定回國——因為我的家人需要我，這是我必須做的事。

深厚的友誼與圓滿的家庭
莫不根植於犧牲與奉獻。

我父親畢生都在錫安合作社工作。兒時，我們每個星期六都會去店裡幫忙父親。我們會把貨品上架，把商品有標籤那一面轉向前面，或是用小袋子裝核果和調味料，然後秤重。雖然我們這幾個小毛頭只會愈幫愈忙，但我們還是學到不少。

我父親因為病重，最後沒辦法上班，我志願幫他代班。上星期，我還是英國牛津大學的學生，此刻我已變成店員，忙著把耶誕商品上架。

你或許認為，我會為這樣的命運怨嘆或憤怒。其實，那幾個月是我生命中最快樂的時光。現在回想起來，我想是因為在那個時候，我把生命的全部奉獻給父親和我親愛的家人。

* * *

我們自然而然希望我們所愛的人快樂。困難的是，我們不知道自己該扮演什麼樣的角色。如果從工作的觀點來思考你與家人或朋友的關係，你就可了解他們真正想要什麼。如此一來，你才能有真正的同理心。請問問自己：「我的另一半最需要我做什麼？」從這樣的問題下手，才能做出正確的分析。如果你用這樣的觀點來看你與別人的關係，答案就比較顯而易見。

然而，光是了解你要做什麼還不夠，必須付諸行動。你必須花時間和精神去做，暫時把自己的事情和欲望放在一邊，專心讓你所愛的人快樂。我們也要鼓勵伴侶或孩子這麼做。你或許認為，犧牲可能會帶來憤怒或不滿，但我的親身經驗告訴我，這麼做反而可以為你帶來快樂與滿足。你愈犧牲、愈投入，關係必然會愈穩固。

⑥ 席瑟斯之船

我們都希望自己的孩子能得到最好的機會。新一代的父母似乎更努力為孩子創造機會，因為他們過去未能獲得那樣的機會。於是，我們請老師或教練來教導孩子，讓孩子獲得更豐富的經驗——我們以為這樣是為了孩子的未來做最好的準備，但不知這麼做其實要付出很大的代價。

過去一、二十年來，戴爾（Dell）一直是世界上最成功的個人電腦製造商。然而，很少人知道，戴爾能稱霸天下，最大的功臣是台灣一家電腦零件供應商——華碩（Asus）。

華碩步步進逼

戴爾在九〇年代初期突飛猛進。首先，這家公司採用破壞式創新的模式：一開始是以破盤價推出低階個人電腦，由於他們主要透過郵購或網路來銷售，因此可以壓低價格。接著，製造一系列性能更好的電腦，從市場底層往上爬。

其次，他們將電腦生產線模組化，按顧客需求來組裝。戴爾從其他地方訂購零組件，在四十八小時內即可組裝完成、出貨。

第三，戴爾的資金運用因此更有效率，公司資產創造的銷售量增大，獲利率也隨之提高——這樣的表現讓華爾街拍手叫好。這三個策略就是戴爾成功的關鍵。

有意思的是，戴爾能成為個人電腦巨擘，背後的推手是一家台灣電腦公司，也就是華碩。華碩就像戴爾，一開始提供設計簡單、可靠的電路板給戴爾，而且價格比戴爾自己生產的成本更低。

接下來，華碩又跟戴爾提議：「我們生產的電路板很不錯吧。不如貴公司電腦的主機板也交給我們來做。製造主機板正是我們的專長，比你們自己做要來得好，光是主機板的部分，你們又可省下兩成的成本。」戴爾的分析師也認為，華碩的主機板不只價廉物美，還可把公司主機板相關生產資產從損益表中刪除。

華爾街分析師的鷹眼緊盯著各企業的財務指標，追蹤其資本運用的效能。其中，最常見的一種指標就是淨資產報酬率（Return on Net Assets）。一家公司的淨利潤除以淨資產，就可計算出淨資產報酬率。如果分子的淨利潤增加，或分母的淨資產減少，報酬率就會提高。淨利潤要增加比較困難，因為公司必須賣出更多產品，至於淨資產減少通常比較容易，只要透過外包就可以做到。淨資產報酬率愈高，代表一家公司資金運用的效能愈大。華碩的提議是有道理的。如果戴爾利用外包降低淨資產，依然可以把同樣的產品賣給顧客，就能提高淨資產報酬率，讓華爾街開心。

於是戴爾告訴華碩：「這真是個好點子。我們需要的主機板就拜託你們了。」這樁交易也使投資人更看好華碩，因為華碩利用現有的資產就可增加銷售量。戴爾和華碩可謂互蒙其利。

之後，華碩又對戴爾說：「瞧，我們生產的主機板很不錯吧。為什麼不讓我們來幫你們組裝電腦？再說，組裝電腦也不是你們的強項。如果你們把組裝的工作也發包給我們，就可進一步減少剩餘的製造資產，組裝成本甚至比你們自己來做再降兩成。」

戴爾的分析師認為，這個提議也是個雙贏策略。華碩為戴爾做得愈多，華碩的淨資產報酬率更進一步提高了。去除製造資產後，戴爾的淨資產報酬率也變得更漂亮。接下來，戴爾不但把供給鏈的管理外包，連電腦設計本身也外包出去。此時，戴爾個人電腦業務的一切都外包了，整部電腦可說都是華碩做的，只留下品牌名。戴爾的淨資產報酬率因此變得非常高，資產只剩消費者服務部分。

外包的悲劇

到了二〇〇五年，華碩宣布決定以自己的品牌全面進攻美國市場。戴爾的命運就像典型的希臘悲劇，華碩一步步蠶食鯨吞，從價值鏈中最簡單的東西開始做，慢慢接手更複雜、更重要的部分，逐步增加企業的價值。

戴爾一直以為自己和華碩是天作之合，雙方合作為戴爾帶來驚人的淨資產報酬率，然而這些數字並未反映這樣的合作關係對戴爾的未來有何影響。**戴爾本來是最強大的電腦公司，多年來一味追求報酬率，把業務漸漸外包出去，之後就難有什麼表現。**戴爾自己不製造電腦，出貨也不是由自己來做，全部外包給台灣的電腦廠商，只允許他們使用「戴爾」這個商標。

雖然戴爾得以專攻高收益的伺服器業務，這方面業績因而蒸蒸日上，但在一般消費者使用的個人電腦，戴爾可謂得不償失，為了追求報酬率，殊不知自己漸漸失去重要能力。

你可從這個故事看出外包的危險。顯然，如果戴爾的領導階層有先見之明，能看到這種合作關係的結果，必然不會輕易接受華碩的提議。但他們怎麼知道會有這樣的一天？

了解你的能力

問題就在管理階層是否擁有「能力」的概念。**你必須了解組織有什麼樣的能力，以及哪些能力是未來命運所繫**，哪些比較沒那麼重要。

這是什麼意思？

簡而言之，一家公司的能力主要取決於三個因素：資源、流程以及企業的優先順序。由於這三項因素代表一家公司完全不同的三個層面，也涵蓋公司運作的全部，因此任何時間皆可正確反映出一家公司的情況。一家公司能做什麼、不能做什麼，端賴是否有這些能力。

能力是不斷變動而且長久累積下來的。沒有任何一家公司在草創時即可完全把能力發展出來。這三項因素中最顯而易見的就是資源。資源包括人員、設備、科技、產品設計、品牌、資訊、現金，以及與供應商、經銷商和顧客的關係。資源通常是指人員或東西，也就是能被雇用、開除、買入、出售、可能降價或被製造出來之物。很多資源都是我們看得見的，通常也可以估量，經理人因而得以評估這些資源的價值。

大多數人或許認為資源就是一家公司成功的關鍵，但資源只是驅動公司成長的關鍵因素之一。員工把資源轉化為更有價值的產品或服務，也就是為組織創造價值。員工互動、協調、溝通、做決定，凡此種種就是流程。透過流程，組織才得以解決更加複雜的問題。

流程包括產品的開發與製造、市場調查的方式、預算、員工發展、薪資與資源分配等。流程不像資源那樣顯而易見、容易估量，我們往往無法從一家公司的損益表看出其流程如何。

如果一家公司的流程很強，經理人就不會對人員的指派大傷腦筋。不管派什麼人去做，都可以順利完成任務。

以麥肯錫（McKinsey）這樣全球型的管理顧問公司為例，這家公司的營運重點，是為全世界公私部門的高階管理層級解決問題。由於他們的流程非常成功，來自不同背景、擁有不同專才的顧問很容易融入公司的流程架構，達成令人滿意的結果。

第三個因素也許是**最重要的，也就是一個組織的優先順序**。我們可從上述三個因素看出一家公司如何做決策，了解該公司可能投資什麼，或不會投資什麼。每一個階層的員工在做決定時，都會依照優先順序來做。例如，今天最重要的事是什麼，以及他們會把什麼放在諸多待完成事項的最後。

> 能力是不斷變動
> 而且長久累積下來的。

如果公司變得愈來愈大，經理人就無法兼顧每一個決策。這也就是為何一家公司變得更大、更複雜時，資深經理人必須讓員工自己依照優先順序，在不悖離公司策略和商業模式之下，做出最好的決定。

這意謂成功的資深主管必須花很多時間明確地說出公司既定的優先順序為何，讓全公司的人了解。

經過一段時間，我們就可看出一家公司優先順序的設定，也就是公司能否賺錢的關鍵。公司要能屹立不搖，員工必須支持公司的策略，依照公司的優先順序來做，否則他們做的可能與公司根基衝突。

美國半導體公司逐步衰亡

其實，不只是戴爾，如製藥、汽車、石油、資訊科技、半導體等其他產業的公司，外包業務有增無減，沒考慮到公司未來的能力。金融家、企管顧問和學者鼓勵公司盡量外包，以求短期獲利。但在這種短視近利之下，一家公司的能力可能就此犧牲，就像戴爾，漸漸被華碩廢了武功。

以美國半導體業的外包歷史為例，可以看到許許多多公司執著於外包，最後慘遭淘汰。美國半導體公司多半選擇與中國或台灣的供應商合作。由於外包出去的部分都是最簡單的，並非比較複雜或可以獲利的步驟（如產品設計），美國公司認為這麼做只有百利而無一害。

雖然亞洲供應商只是組裝產品中最簡單的部分，但他們並不會在原地踏步。他們承包的是廉價的勞力工作，幾乎任何一個人都可以做，但他們也知道如果出現更廉價的競爭者，就會失去工作。因此，這些亞洲供應商努力在市場力爭上游，發展自己的能力，以製造或組裝更複雜的產品。現在，台灣、韓國、新加坡、中國的供應商都能自己製造產品和零件，而他們的美國客戶由於長期習慣外包，已失去這方面的能力。

十年河東，十年河西。一開始，美國公司會把簡單的業務外包出去，是為了降低成本和資產，增加報酬率。這似乎是個明智的決定。然而，最後他們連精密的產品也得外包，因為他們自己已經做不出來了。

我們可以透過這個能力的理論來決定哪些業務可以外包，哪些則否。這麼做必須考量到兩點。

首先，你必須評估供應商的能力，並且假定他們是會改變的。不可只看到供應商目前做的事，而要考慮他們將來能發展到什麼樣的程度。其次，你得了解未來成功必須具備的能力。這點更加重要。無論如何，你必須保有這樣的能力，否則就是把公司的未來交給別人。只有了解公司的能力有多重要，才是一個有遠見、優秀的執行長，否則只是庸庸碌碌的人。

未來不可外包

我們每天都在評估別人的能力，只是你不一定意識到自己這麼做。我們不時在評估我們的公司、老闆、同事或員工；我們也評估競爭對手的能力。如果我請你把焦點對準自己和家人，你做得到嗎？你擁有什麼樣的能力？你的家人呢？把自己看成一家公司，以資源、流程和優先順序來檢視似乎有點怪異，但這正是評估自我的一個好方法。你可藉此了解，哪些是你做得到的，哪些則超乎你的能力。如果你列出自己的能力，有些確實是你的強項，也可得知哪些是你應該加強的。

可惜，我們都沒能好好這麼做。就像戴爾無法讓時光倒流，好好抓住自己的核心能力，我們也不能回到年輕的時候，好好發展自己欠缺的能力。但身為父母的我們，的確有機會幫助孩子。我們可以預想他們未來可能會碰到的挑戰和問題，透過資源、流程和優先順序的能力模式來估量孩子需要具備的能力。

孩子能做什麼，不能做什麼

決定一個孩子能做什麼，不能做什麼，第一個關鍵因素是資源，包括金錢和物質上的資源，有些是父母給他的，有些則是他自己獲得的，還有他的時間、精力、知識、才能、人際關係，以及他從過去學到的一切。

第二個關鍵因素則是流程。這裡所謂的流程，就是孩子運用資源創造出來的東西。就像企業，孩子的流程能力不是那麼顯而易見，然而正因如此，我們的孩子才變得與眾不同，包括他的思考、提問、如何解決各種不同的問題、如何與他人合作等。

舉例來說，一個年輕人坐在教室裡上課。老師和學者創造知識，這個年輕人靜靜地坐在教室，被動地吸收別人創造或提供的知識。在此，知識就是這個年輕人獲得的資源。

他可能運用這樣的資源在考試得到高分，他也能用這樣的資源創造新的知識。比方說，他如果能用課堂上吸收的知識創造出新的產品（如像 **iPad** 那樣的平板電腦）或進行自己的科學實驗，這樣的能力就是流程。

除了資源和流程，最後一種能力就是孩子心中的優先順序。其實，他們的優先順序可能和大人差不多，如學業、運動、家庭生活、工作、信仰等。從孩子設定的優先順序可了解他將來會如何做決定——哪些事對他而言是最重要的，哪些則不急，可以慢慢來，哪些事情則

把自己看成一家公司，
檢視資源、流程和優先順序，
是評估自我的好方法。

是他毫無興趣的。

我再以孩子開發iPad的APP為例，來解說上述三個因素如何一起作用。如果你的孩子有一部電腦可以寫程式，他也學習如何寫出像iPad APP的應用軟體，電腦和知識就是他的資源。

他把這些資源整合起來，在沒有人指導之下，自己摸索、創造出新的東西，這就是流程。他一有時間，就想研究他的APP，並解決寫程式時碰到的問題，他希望自己能創造出獨一無二的東西，讓朋友刮目相看，可見寫APP在他心中是最重要的事。這樣的優先順序就是他創造的動力。

資源是孩子能利用的東西，流程是他怎麼做，而優先順序就是他這麼做的理由。

發生在家庭內的希臘悲劇

現在有很多父母做的，正像戴爾外包個人電腦業務，雖然為了孩子著

想，給孩子最好、最多的資源，卻剝奪了孩子的能力。這點著實令人擔心。

我們的社會變得富裕，我們也把愈來愈多工作外包出去。但在一個世代以前，家裡的事情大部分都得自己來。記得我小時候，有很多事都自己做。我們有自己的花園和果樹，自己種菜給自己吃。收成的東西吃不完時，我們就會醃製或保存起來，在冬天和春天的時候吃。我們的母親都會做衣服。那時還沒有防皺布料，我們必須花很多時間洗衣服、整燙衣物。我們從未想過有一天要雇人來除草或鏟雪。在那個年代，家裡有不少事情都是孩子可以幫忙的。

過去五十年來，外包變得愈來愈便宜而且方便，很多事情都可委託專業人員代勞。於是，家裡很多事都不必做了，只要定時清理我們自己製造的垃圾和髒汙。

中產階級的媽媽因而不必在家事上多花時間，可以以孩子為生活重心，成天忙著開車接送孩子上學、放學，參加各種球隊，如足球、曲棍球、棒球、籃球，以及上舞蹈、體操、音樂、中文等各式各樣的才藝班，甚至送孩子到倫敦遊學或參加夏令營。很多孩子暑假因此忙得沒時間打工，體驗工作是怎麼一回事。

這種媽媽就是美國俚語中的新詞「足球媽媽」。十五年前，還沒有這樣的字彙。似乎這樣的學習對孩子而言是寶貴的機會，對他們的發展有很大的幫助，比幫忙家事來得好。孩子也可學習克服困難的挑戰，承擔責任，學習團隊精神，可早一點把孩子推向成功之路。

然而，很多父母並沒想那麼多，只是忙著把孩子的空閒時間塞滿各種活動和課程。其實，更重要的是，幫孩子發現自己真正喜歡做什麼，他們才有動機去發展自己的流程。

資源是孩子能利用的東西，
流程是他怎麼做，
優先順序是他這麼做的理由。

但這往往不是父母讓孩子去參加活動的動力。做父母的只是認為這麼做已經達成任務，算是善盡父母的職責：瞧，我已經給孩子這麼多的學習機會！也有父母把自己的希望和夢想投射在孩子身上。

如果孩子並不喜歡父母為他們安排的活動，父母應該要有警覺。做父母的應該思索：孩子是否從這些學習的經驗學到重要的、深層的流程能力，如團隊合作、創業精神，也知道事前準備的好處？或者他們只是被動地配合？**在我們強調提供資源給孩子時，也必須問自己下列問題：孩子是否學到一些技能，因而得以更進一步地發展？孩子是否知道如何更深一層去運用得到的知識？孩子會從自己的經驗學習嗎？**你深入思考這些問題才能了解，對孩子的發展而言，資源和流程完全不同。

揠苗助長

戴爾把一部分業務發包給華碩時，為華碩設定必須達成的目標，也告訴他們必須解決哪些問題。華碩接著發展出流程的能力，而戴爾則漸漸失去這樣的能力。華碩不斷精益求精，終能勝任更複雜的任務，但戴爾仍把焦點放在資源上面，其重要流程更進一步被削弱了，就這樣一點一滴喪失競爭力。

其實，很多父母也犯了同樣的錯誤，認為孩子能獲得的資源（如知識、技能和經驗）愈多愈好。他們和戴爾一樣，以為自己做的決定是正確的。我們希望自己的孩子高人一等，相信我們提供的機會和經驗可以幫他們成功。然而，如果孩子並不喜歡我們安排的活動或課程，不想挑戰更難的東西，他們反而沒有機會發展自己的流程，也就難以成就什麼。

我父母沒為我做的

父母為了孩子著想，提供最多的資源給孩子，但這些孩子就像溫室裡的花朵，長大之後往往難以承擔重責大任，也無法為自己或他人解決困難的問題。**其實，你給孩子再多的資源，都無法給他們自信，讓他們不怕面對問題，而且有信心解決問題。然而，自信是來自克服困難的事情。**

在我寫這一章時，美國年輕人失業率比其他族群要來得高。雖然很多已開發國家都有這樣的問題，然而我們不禁要問，為什麼會如此。有人認為，這是過去幾十年經濟政策實行下來的結果，但我認為還有另一個因素。

我擔心目前美國年輕的一代已失去能力——尤其是流程的能力——於是紛紛被職場淘汰。我們把家裡的很多事都外包，用許許多多的活動填滿這個真空，但孩子並不一定對那些活動感興趣。**我們讓孩子過著輕鬆、安逸的生活，幫他們解決生活中的問題，最後他們就無從發展流程的能力，也不知道如何設定人生的優先順序。**

我不是要做父母的把孩子丟到游泳池的水深區，看他們會不會游泳。一開始，我們必須讓孩子自己去發現一些簡單的問題，然後想辦法解決，以幫他們建立流程的能力和自信。我回顧自己的人生，發現我父母給我最好的禮物，並非他們為我做了什麼，而是他們沒為我做的。

例如，我母親從來沒幫我修補過衣服。記得我在小學低年級就讀時，我最喜歡的一雙襪子兩隻都破了。我母親剛生下我們家的老六，為教會活動忙得不可開交。由於我們家並不富裕，我壓根兒就不敢想買新襪子。她要我自己用針線縫，等我縫好，她再看看如何。我想，如果我母親自己縫，應該一下子就縫好了，我卻足足花了十分鐘。她發現我縫的有問題，於是拿起一隻襪子，教我如何沿著破洞的邊緣縫補，最後把線剪斷，打好結。她遞給我第二隻襪子，要我自己縫補，接著就去忙她的事了。

一堂自我摸索的縫紉課

過了一年，大概是我小學三年級的時候，我在學校遊戲場上摔跤，扯破了牛仔褲。由於我只有兩條褲子可以穿到學校，破了一條，那可嚴重了。我拿著褲子去找媽媽，問她是不是可以幫我修補。她於是打開縫紉機，教我怎麼操作，如何用曲折縫。她給我一、兩個點子，告訴我如果她要修補這樣的破洞，她會怎麼做，然後就走開了。我坐在縫紉機前，起先不知道該怎麼做，摸索一番之後就會了。

現在回想起來，這雖然是微不足道的小事，對我卻意義重大。我因此學習如何解決自己的問題。我也從問題的解決得到自信。我為自己能做到的事感到驕傲。每次我穿上自己縫補的那雙襪子，看到腳趾縫補的痕跡，總會對自己說：「這是我自己縫的。」我雖然已不記得縫得如何，但我想應該不怎麼漂亮，然而我還是很驕傲自己學會縫襪子。

我也很好奇，我母親看我穿著自己縫的褲子上學，不知她有什麼樣的感覺。有些母親或許會因此臉紅，認為孩子穿有補丁的褲子出門，不就被人看穿家裡有多窮。但我想，我的母親不會這麼想。她說不定也跟我一樣驕傲。

學習的時機

父母對孩子的教導過度外包，不只孩子將很難有機會發展流程的能力，更會影響到孩子的價值觀。

我認識一對夫妻（姑且稱他們為吉姆和諾瑪）。他們生了五個孩子，這些孩子日後的發展完全不同，但都有傑出的生涯表現，各自選擇了很好的伴侶，生了孩子，過著幸福、美滿的生活。這對夫妻教我豔羨不已。我問他們，如何教養出這麼優秀的孩子。他們與我分享寶貴的經驗。

諾瑪的話尤其讓我印象深刻。她說：「孩子回家團圓的時候，我總會聽他們說說笑話，或談到成長的經驗。他們提到某件事對他們影響很深，但我通常已經不記得那件事。反之，如果我和吉姆提到對我們家來說特別重要的價值觀，孩子也沒有什麼印象。我想，**孩子等到準備好要學習，學習的時機成熟，自然會學到東西，不是我們想教他們，他們就可以學會。**」

諾瑪提到的就是優先順序的能力，這關乎孩子把什麼放在第一位，把什麼放在最後。這或許是我們能給孩子最重要的能力。

父母給孩子最好的禮物
並非他們為孩子做了什麼，
而是他們沒為孩子做的。

你或許還記得自己小時候從父母那裡學到的東西。當時，他們或許沒注意到自己與你分享了什麼。他們並沒特別告訴你，人生很多事什麼是最重要的，什麼不是，你還是不知不覺學到了他們的價值觀。因此，在孩子準備好要學習時，我們必須在他們身邊。

其次，父母必須用行動展現我們希望孩子學到什麼樣的價值觀，藉以建立人生的優先順序。

現在由於家庭生活有一大部分都外包了，我們只是忙著把孩子送去參加活動或上課，親子之間的互動反而變少了。結果，在孩子準備好要學習時，我們往往把他們託付給別人。

他們是誰的孩子？

希臘人曾留下一個難解之謎讓我們思考。這個謎題最早出自普魯塔克（**Plutarch**）的記載，也就是「席瑟斯之船」（**Ship of Theseus**）。雅典人為了紀念殺死怪獸米諾特的國王席瑟斯，把他的船保留下來，因以為名。多年來，這艘船一直停泊在雅典的港口，木頭朽毀之後則不斷修補、替換……最後，船體的每一塊木頭都是替換過的。問題是：如果這艘船的每一個部分都替換過，還是原來那艘席瑟斯之船嗎？

同樣地，如果你的孩子從別人那裡學到優先順序和價值觀……他們是誰的孩子？

注意「平衡」

當然，他們是你生養的，是你的骨肉，但你應該可以看出我說的重點。我指的並非別人教他們的價值觀比較差，也不是指你必須保護孩子免於被邪惡的世界吸引，因此你必須時時刻刻陪伴在孩子身邊，保護他們。這不是我的本意。你該注意的是平衡，而且讓你的孩子從面對人生的挑戰學到寶貴的一課。

儘管你認為自己是在為孩子著想，但如果你發現你把父母該做的事，愈來愈多外包給外面的教練或老師，你就會失去愈來愈多可以幫助孩子發展自己價值觀的機會——對孩子而言，這可能是最重要的能力。

* * *

在給孩子資源的時候，你總是惦記著孩子，為他們打算。大多數的父母也都是如此——他們希望供給孩子所需，讓他們有最多、最好的資源。你或許常和鄰居、朋友比較，誰家的孩子正在學什麼樂器、參加什麼球隊等等。如果你的孩子學習最多種才藝，你或許會因此沾沾自喜。然而，如果沒深入考慮到孩子的興趣與能力，用活動或課程把他們所有時間填滿，對孩子的發展不見得是件好事。他們長大之後，不一定可以符合你的期望。

孩子雖然需要學習新的技能，也需要學習面對挑戰，學會解決困難的問題。他們需要發展自己的價值觀。

如果你提供給孩子的課程或活動，他們不感興趣，也就無從發展流程的能力。你若發現你把教導孩子的責任交給別人——等於是外包——也就失去幫助孩子成長的機會，孩子將來如何變成一個令人尊敬、仰慕的人？

在學習的時機成熟時，孩子自會學習，而非你準備好教他們，他們就能學到東西。在他們面臨人生的挑戰時，如果你不在他們身邊，也就失去幫助他們的機會，他們將不知人生的輕重緩急為何，不知如何形成優先順序。

⑦

經驗學校

父母最重要的角色之一，就是讓孩子學習做困難的事。

如此，孩子將來才能面對人生的挑戰。

然而，你要怎麼做才能讓他們具備該有的能力？

一九七九年，作家沃爾夫（Tom Wolfe）在《太空英雄》一書描述在這個世界競爭最為激烈的一個領域，也就是戰鬥機飛行員的篩選。飛行員在嚴酷的競爭與淘汰中，一步步往上爬，以證明自己擁有真材實料，是可以耐受高壓的天生英雄。早期的美國太空總署就是這樣發掘一流人才。

A⁺人才測試

很多公司尋找高級主管時，也有同樣的想法：應該有一套篩選辦法，可以區分出「A」和「A⁺」的人才。

在企業界，測試人才的辦法就是檢閱履歷表，從應徵者過去的表現預測是否能夠勝任新的職務。我們在遴選人才時，莫不認為最佳應徵者擁有與生俱來的才幹，加上日後不斷的磨練，才會有如此耀眼的經歷。所以企業也像太空總署尋找優秀的戰鬥機飛行員般，以一連串的測試選拔出當中的佼佼者。用沃爾夫的話來說，他們就是有「真材實料」的人。

若應徵者在過去的工作經歷中一直在同一階層打轉，沒能往上升遷，就會讓人覺得他們已達能力的極限，缺乏「真材實料」。

如果發現一個人是否有真材實料，是確認是否為一流人才的好辦法，為什麼我們常看到，有些主管儘管帶著漂亮的履歷表風風光光到另一家公司上任，最後卻做得一塌糊塗，只好下台一鞠躬？顯然其中大有問題。

所謂與生俱來的才幹為何無法成為可靠的成功指標？很多公司在選擇人才時，有一些看起來似乎合理的條件，然而他們不一定能根據這些條件找到合適的人。

二五%所用非人

幾年前，我曾在高級經理人培訓課程擔任講者。參加那次課程的企業主管來自各行各業，人數超過一千人。我請他們回答這個問題：「在你雇用或升遷的人當中，有多少比例的確是不可多得的人才？有多少比例表現尚可？

有多少比例則是所用非人？」

我統計他們的答案，得到下列結果：那些企管主管認為自己用對人的比例約是三三％，四〇％尚可，而所用非人的比例為二五％。

換言之，很多主管常常用錯人。他們在產品製造或服務上追求零瑕疵的品質，但在挑選人才時，出錯機率卻高達二五％，然而他們卻認為這樣的錯誤率是可以接受的。

如何找到真正的人才？

如果我們用「真材實料」篩選人才的辦法有問題，不能保證成功，那麼我們要如何找到真正的人才？我花了很多時間研究這個問題，希望建構出一個理論，讓我的學生將來當了主管任用人員的時候，可以避免這樣的錯誤。

我看了很多書，想從中找出一些通則。每一本都告訴我，我必須在最合適的時間、最合適的地方，找到最合適的人，然後提供一些成功的例子。那些書都假定那些成功的例子適用於每一家公司：「XZY公司因此找到了不起的人才，如果你這麼做，應該也可以成功。」

其實，這並不是建構理論的好方法，甚至那算不上是理論。像這樣的結論不過是建立在奇聞軼事上。

我讀了南加大麥考爾教授（Morgan McCall）所著《展翅高飛：培養下一代領導者》（*High Flyers: Developing the Next Generation of Leaders*）一書才有醍醐灌頂之感，知道該如何尋找人才。麥考爾在書中也解釋，為何許許多多經理人都曾犯了用人不當的錯誤。

有經驗才算真材實料

麥考爾對「真材實料」有完全不同的看法。沃爾夫在書中描述的那些戰鬥機飛行員，的確是萬中選一的佼佼者，但

能力是從現實生活中的經驗
不斷淬煉出來的。

麥考爾從另一個角度剖析成功者出類拔萃的原因。他認為那些人才並非全部天生資質優異。即使他們資質普通，由於不斷地從經驗學習如何克服挫敗或巨大的壓力，能力就是這樣鍛鍊出來的。

如果從「真材實料」的思維來看，我們要找的應該是有羽毛和翅膀的人，這樣的人或許才能展翅高飛。

然而，如果你從「經驗學校」的思考模式來看，你要問的是：他們是否有飛行經驗？如果有，是在什麼樣的情況下？這種思考模式可幫我們找到真正有實務經驗的人，知道如何解決目前的問題。套用前一章的專有名詞，我們要找的是有「流程」能力的人。

因此，麥考爾認為所謂「天生英才」，或是不是有「真材實料」，並非遴選人才的關鍵。反之，能力是用現實生活中的經驗不斷淬鍊出來的。**凡是具有挑戰性的工作、失敗的案子，或是接受新領域的考驗都是經驗學校的「課程」。**一個領導人的能力如何，就看他是否修過這些課程。

我不得不承認，我在評估經理人的表現時也常犯錯，沒能採用麥考爾的思考模式。例如，我執掌CPS科技公司時，就曾遭遇用人不當的問題。

光有漂亮的履歷表還不夠

CPS生產高科技的精密陶磁產品，如氧化鋁和氮化矽。公司創立兩年後，我們準備投入初級產品的生產，決定雇用一位營運副總。我和同事都是麻省理工學院的教授，未曾接觸工廠生產實務。於是我們決定聘請一位營運副總，請他負責把實驗室操作的成果，轉移到我們設在八公里外的新工廠大量生產。

經過三個月的尋尋覓覓，最後只剩兩個最佳人選。A是董事會一位股東推薦給我們的。這人的確非常幹練，曾在某家身價達數十億美元的跨國企業擔任執行營運副總。該公司產品之精良讓我們讚嘆不已，例如他們生產的氧化鋯在溫度忽冷忽熱之下也不會破裂。

另一個候選人B是我們公司的工程師瑞克力薦的人選。瑞克是本公司非常倚重的幹部，以前曾在B底下做過事。B一直在公司的第一線工作，是苦幹實幹型的，指甲甚至像工人一樣髒。B服務的公司製造的是傳統陶磁產品，如用於電絕緣裝置中的氧化鋁。三個月前，由於工會合約難纏，該公司不得不關閉設於賓州的兩家工廠，把生產設備搬到田納西鄉下再開一家新的工廠。B沒有大學文憑。

我們公司的資深經理人都認為B是最好的人選，但董事會有兩個股東想要的人是A。他們對我們公司期望很高，希望CPS不久能飛快成長，迎頭趕上A先前服務的那家公司。A知道生產高科技陶磁產品的全球大公司是怎麼運作的，他以前負責的營收多達二十億美元。我們的股東質疑，像B那樣的人懂高科技產業嗎？更何況B服務的公司是家族經營的，營收只有三千萬美元左右。

最後，我們決定任用A，花了二十五萬美元把他從東京請來波士頓。A

> 即使資質普通，
> 若能從經驗中學習，
> 就可鍛鍊出能力。

人很好，卻遲遲無法讓工廠上軌道，十八個月後，我們不得不請他走路。我們想把B找回來，但他已經到另一家公司上班了，我們只好重新找人。

那時，我們要是能照麥考爾的理論去做，就不致於面臨這樣的窘況。A雖然曾掌管大公司的營業部門，但那家公司的營運早已上軌道，A只是接手，沒有從頭做起的經驗，因此他不知道設立一家新工廠，或使新流程進入生產階段將面臨哪些問題。再者，由於A以前是大企業高級主管，有很多直屬部屬，因此他的工作是管理這些人，監督他們把工作做好，而非和他們並肩工作。

實戰經驗重於紙上談兵

我們比較A和B的履歷表，每一個人都認為A更勝一籌，看起來比B具有「真材實料」，那亮麗的資歷馬上把B比下去。然而，對我們來說，A並不是合適的人。就工廠運作的實際經驗來說，顯然B才是贏家。B已從經驗學校修習工廠經營的必修課，包括「將實驗室的試驗成果在工廠中放大，進行試產，最後再進行全面生產。」他是工廠老手，解決過不少工廠生產的問題，而那些問題不是我們想像得到的。

換句話說，他具備工廠營運的流程能力。但在選拔人才的時候，我們重視的往往是資源，而非流程，正如我在前一章討論的教養問題。我們很容易犯這樣的錯誤，即使是大公司也常一錯再錯。例如，英特爾與思愛普（SAP）兩大科技巨人合資創立潘狄希克（Pandesic）公司，最後產品卻嚴重滯銷，不得不以倒閉收場，正和我們招募營運副總時犯的錯誤如出一轍，只不過他們的錯誤要嚴重得多。

潘狄希克的主力產品是適用於中小企業的資源規劃軟體，創立於一九九七年。英特爾與思愛普不但挹注了一億多美元的資金，高層主管還親自挑選過去戰績優秀的才幹來領導這家公司。

然而，不過三年光景，這家眾所矚目的公司即宣布經營不善，關門大吉，讓人跌破眼鏡。

以後見之明來看，潘狄希克公司會慘敗，關鍵就在用人不當。的確，英特爾和思愛普挑選的都是一流好手，過去的表現非常亮眼，但這些人卻不是合適的人。

計劃你在經驗學校的學習課程

透過麥考爾的理論來看，我們就知道為什麼了。雖然潘狄希克公司每一位資深主管都有傲人的履歷表，卻沒有任何一個人具有開創新事業的經驗，沒有人知道如何在碰到問題的時候隨機應變、調整策略，也沒有人知道如何使新產品獲利，只是希望公司規模愈大愈好。

潘狄希克的領導團隊都知道，如何在世界級的大公司管理資源豐富的專案，因為他們以前都是在英特爾和思愛普這樣的大公司服務，未曾在剛起步的公司工作。就新事業的創造與發展而言，他們都是生手，沒在經驗學校修習過相關課程。潘狄希克最後只能淪為英特爾與思愛普發展史的一個注腳。

如果你仔細思考麥考爾的理論，就能發現，如果你在經驗學校選對了課，好好修習，不管從事什麼行業，都能增加成功的機率。

我最景仰的一個企業高級主管亞奇博德（Nolan Archibald）就曾和我的學生談到麥考爾的理論。亞奇博德在企業界可說是響噹噹的人物，曾是《財星》（*Fortune*）五百大企業最年輕的執行長。

他退休後，曾與我的學生暢談他的生涯之路。他說的不是履歷表上列的那些職務，而是他為什麼要那麼做。用我們的語言來說，他正是在經驗學校修習了特別有用的課程。

亞奇博德大學畢業時，就立志要成為大公司的執行長。那時，他想的不是什麼樣的工作是成為執行長的墊腳石，而是問自己：「如果要成為成功的執行長，我必須要有哪些經驗，必須克服哪些問題？我必須要學習什麼？」

基於這樣的想法，他最初的生涯選擇因此有別於商學院的同學。他並沒坐上通往最高領導階層的直通車，而著眼於能從工作得到的經驗。他告訴我的學生：「**我並沒考慮薪水多好或是職位多高，而是能從這個工作崗位得到**

什麼樣的經驗。」

商學院畢業後，他的第一個工作不是擔任企管顧問，而是在北魁北克一個石棉礦區擔任營運主管。他認為在那種艱難的環境之下管理和帶人是難得的經驗，能幫助他快速成長，培養解決問題的能力。

這個策略果然成功。不久，亞奇博德就掌管貝翠斯食品集團（Beatrice Foods），在四十二歲那年更成為電動工具大廠百工公司（Black & Decker）的執行長，登上生涯巔峰。此後，他執掌百工長達二十四個年頭。

各領域皆適用

這是不是意味，我們絕不可雇用或晉升沒有相關經驗的經理人？那要依情況而定。如果是一家剛起步、還沒有流程能力的公司，什麼事都得靠人員（即資源）來完成。在這種情況之下，起用沒有經驗的人將會非常冒險。如果是一家卓然有成的公司，員工就可依照流程來做，不必那麼仰賴有實務經驗的經理人，還有讓人從經驗學習的餘地。

其實，不只是在企業界，其他領域也需要讓人有從經驗學習的機會。在我青少年時期，我最喜愛的一個籃球隊就有一位魔鬼教練。球隊在這個教練的驅使之下使出渾身解數，常常痛宰對手。看這支球隊把對手打得落花流水，大勝三十分，我也為之瘋狂。

只讓五個先發球員上的課

我熟知那個球隊五名先發球員的名字，也知道一、兩個板凳球員的名字——因為他們偶爾也會上場。但其他板凳球員，我一概不知道他們是誰，因為教練總是叫那五個先發球員從頭打到尾，認為這樣才能遙遙領先。這意味他們常常大勝對手三十五分，而非二十五分。看在我這樣的小球迷眼中，當然贏愈多愈好。

其他板凳球員偶爾會在「垃圾時間」上場，也就是勝負已定，比賽只剩幾分鐘，誰去打都一樣。

我和朋友戲稱這些板凳球員為「菜鳥」。我忽略了一個事實：就算是板凳球員，也有身手不凡的高手。如果是世界級的球隊，總有幾萬個球員想要擠進去，能進去的都是很棒的球員，然而，只有其中五個能當先發球員，其他人只能坐板凳。

我後來終於了解只用先發球員的限制。話說我喜愛的那個球隊有一次一直打到最後的冠軍賽。但那一年，他們的對手特別強悍。

為了保持領先，那五個先發球員打得特別賣力。到了第三節結束，那五個先發球員已經精疲力竭。我在電視上看到那個魔鬼教練看著一排板凳球員。通常不到垃圾時間，他不會想到這些球員。但在這關鍵時刻，他真的需要新血加入戰局。

但是，問題來了：沒有一個板凳球員是他可以信賴的，因為他從未在情勢緊張的情況下派他們上場，給他們磨練的機會。他只能要求那五個先發球員繼續打。最後，他們輸了這場比賽，把冠軍拱手讓人。

由於那個教練只信任他的五個先發球員，只有這幾個人可以在經驗學校學習「如何面對壓力」，其他板凳球員都沒有學習的機會。這個球隊因此必須付出代價。

若回顧你的人生，必然可以想起自己上過種種不同的經驗學校，有些課程特別困難，像是如何因應壓力，如上面描述的籃球隊。如果能想清楚哪些課程對你而言特別重要，應該大有幫助。

失敗也是可喜可賀的，
因為你瞄準高遠的目標，
失敗其實是努力過的痕跡。

送孩子到經驗學校

身為父母，你可以幫孩子找機會，讓他們在經驗學校學習一些重要的課程。你可以仿效百工的執行長亞奇博德，想想什麼樣的課程可以幫助你的孩子走向成功之路。你也可以利用反向工程，了解成功的由來與要素，讓孩子建構所需的經驗。

鼓勵他們立下高遠的目標。即使沒能成功，你還是應該在孩子身邊，幫助他們學習重要的一課：儘管你有遠大的志向，有時也必須苦吞失敗的結果。鼓勵他們爬起來，再試一次。你還得讓孩子了解，如果沒失敗，也要反省自己設定的目標是不是太容易了。每一個人都知道如何慶賀成功，殊不知失敗也是可喜可賀的——因為你瞄準的是高遠的目標，失敗其實是你努力過的痕跡。

打破人人有獎的迷思

做父母的可能會覺得很難做到，畢竟我們的社會文化要求父母盡量幫孩子培養自信，要孩子贏，只要孩子盡力就給獎勵。老師或教練更是經常給孩子讚美，很少要孩子去想自己是否能夠做得更好。我們的孩子只要上場打球，就會期待獲得獎牌、獎杯或禮物，只要參加就有獎賞。那些獎杯堆在孩子房間的一個角落，不久就變成垃圾了。

孩子究竟從那些比賽學到什麼？

其實，那些獎賞是給父母的——看到那些獎牌，最欣慰的反而是父母。讚揚孩子的成就，孩子高興，父母也歡喜，總是要比面對孩子的失敗、安慰他們來得容易。**很多父母都忍不住要幫孩子，確保他們做什麼都能成功。然而這麼做對孩子真有好處嗎？孩子又能得到什麼？**

從實作中學會負責

我以前帶童子軍的時候，總是要孩子自己負責計劃露營的事，不讓孩子的父母插手。只有讓孩子自己來，他們才知道如何計劃、組織、如何分派任務、與小組成員溝通，並欣賞自己努力的成果。

當然，如果讓孩子的父母也來幫忙，分工合作，效率必然更高，孩子不必負責做什麼，只要玩得開心就好了。然而，如此一來，孩子就學不到領導、組織和負責——這些也是經驗學校的重要課程。

我們有很多機會幫孩子學習人生的重要課程，有些做法未必對孩子有幫助。例如，很多父母在吃晚飯的時候才聽孩子說，第二天有重要的報告或作業要交，但他還沒開始做。這時，父母開始陷入焦慮：怎麼辦？不幫他完成的話，成績恐怕會很難看。

結果，很多父母只好熬夜幫孩子完成報告，有些父母甚至乾脆自己從頭做到尾，好讓孩子得到好成績。父母的出發點是好的，希望好成績有助於培養孩子的自信。

還有父母則想：「如果我幫孩子做，至少他可以睡個好覺，明天才能面對學校的挑戰。我這是在幫孩子度過難關。為了孩子，我什麼都願意做。」但請你想想：這麼做雖然能幫孩子解決問題，孩子學到的卻是投機取巧。他會想，反正什麼都交給父母去解決就好了，何必自討苦吃？成績好才是最重要的，比努力用功來得重要。

然而，下次孩子又有報告或作業迫在眉睫呢？他會在吃晚飯的時候哀求，說他需要幫忙。你又不得不熬夜到凌晨三點幫他完成。

為了給孩子學到有用的人生課程，做父母的應該狠心一點，讓孩子接受比較困難的挑戰。你必須讓孩子體驗忽略重要作業會有什麼樣的後果。他要不就自己熬夜做完，不然就等著看沒完成會怎麼樣。

的確，孩子可能因此成績不好，而看到孩子成績不佳，父母恐怕比孩子更痛苦。孩子應該也不好受，但他還是學到一課，也就是為自己負責。

創造學習經驗

在孩子碰到困難的時候，父母的本能總是立即伸出援手。但如果我們不讓孩子接受挑戰、磨練與失敗，他們就無法鍛造出面對人生所需的韌性。有些從小一帆風順的天之驕子，往往在碰到重大挫折之後，變得一蹶不振。

身為父母，你當然不希望自己的孩子變成這樣。你應該好好想想，孩子該發展什麼樣的能力，以及什麼樣的經驗或許可幫他獲得那些能力。因此，你應該為孩子製造機會，讓他們獲得那些經驗。這或許不容易，然而是非常值得做的事。

我有個朋友最近發現她八歲大的女兒有抄襲的問題。她的閱讀心得抄了書本封面的介紹文字。我這個朋友於是找女兒談，討論女兒心得報告的遣詞用句。她問女兒：「妳心得裡寫的『終於能面對拋棄他的父親』，這句話是什麼意思？」女兒答不上來，只是搪塞：「媽，那句話根本不重要。」

這個做媽媽的知道問題嚴重。儘管她的女兒才八歲，一旦養成抄襲的習慣，不但學習會產生偏差，也可能毀了職業生涯。這個母親於是請求老師協助，兩人一起設計了一個情境，讓女兒面對抄襲被戳破的尷尬。經過老師私下指正之後，這個小女孩總算恍然大悟。

我朋友說，那天她女兒一回到家，就坐在電腦前重新「編輯」她寫的心得報告，看起來完全是她的手筆。她沒用華麗的詞藻，也沒有深刻的感想，但每一個字都

父母可以想想，什麼樣的課程可以幫助孩子走向成功之路，讓孩子建構所需的經驗。

是她自己寫的。

我這個朋友讓她女兒學到非常寶貴的一課，希望能避免同樣的事再度發生，那時恐怕就要付出很高的代價。

比成績單更重要的事

為你的孩子創造學習經驗，並不保證他們可以學到東西。如果他們還是學不會，你就得想想為什麼這樣的經驗沒有學習效果。

你也許必須想幾個方法，看哪一個方法有效。對父母而言，最重要的就是絕不能放棄。請你一定要不斷地嘗試，幫助孩子，直到他們獲得應有的經驗，以面對人生的挑戰。

就像本章開頭所敘述雇用主管的故事，我們很容易以履歷表來論斷成敗，做父母一樣常以成績單來看孩子的學習成果。其實，更重要的是，我們的孩子未來將在經驗學校學習什麼樣的課程。他們在經驗學校的學習與磨練，要比得到任何獎勵或獎杯來得珍貴，畢竟這才是人生成功的利器。

* * *

孩子面對的挑戰，將幫助他們培養成功必備的能力。不管是碰到要求嚴格、難纏的老師、打輸球或是學習克服複雜的人際關係（如學校裡的小團體），這些都是經驗學校必修的課程。

有些人在職場慘遭滑鐵盧，不是天生能力欠佳，而是他們一直沒能獲得相關經驗，幫他們面對工作的挑戰。換言之，他們選錯了課。

很多父母都希望幫孩子打造一張漂亮的履歷表：優異的學業成績、比賽常勝軍等等。如果你只在意這些表面的東西，忽略了孩子未來的能力，將來必然會悔不當初。

一旦你想清楚，希望孩子成為什麼樣的人，你可以倒著做：讓孩子從小就在經驗學校得到薰陶與磨練，學習必修課程，培養成功的技能。這就是你能給孩子最好的禮物。

⑧ 一隻看不見的手

大多數的人，心中都有一幅美好的家庭圖像：小孩很有教養，尊敬大人；親子都很享受相處的時光；孩子長大之後，即使沒有我們在身邊，也能獨立、自主，在這個世界闖出一些名堂，讓我們感到驕傲。

然而，任何有經驗的父母都會告訴你，期待是一回事，事實又是另一回事。要弭平期待與事實的差距，最強力的工具就是文化。

我們必須了解文化的運作，努力讓文化發揮影響力。

身為父母，我們都會有這樣的憂慮：有一天，孩子將會面臨困難的決定，而我們無法一直在他們身邊，不知道他們是不是做對了。他們可能搭上飛機，和朋友飛到遙遠的國家；或者上了大學，想要在考試的時候作弊。也許他們碰到一個陌生人，不知是否該對這個人伸出援手——這麼做可能為自己帶來危險，也可能改變那個人的一生。我們只能希望把孩子教好，他們自己能夠做出最好的決定。

問題是：我們如何確定孩子能做到這樣？

這不是在家裡立下一些規定，或盡量往好的方向去想就可以了。沒那麼容易。在孩子還小，尚未面臨困難的選擇時，你就必須培養他們在心中設定優先順序的能力，長大之後，他們才知道如何評估各種選擇，做出最好的決定。要幫助孩子做到這點，就得透過家庭文化的建立。

從這方面來看，企業和家庭非常類似。父母希望孩子做出好的決定，企業領導人也一樣，希望公司中階主管和所有員工每天都能自行做出最好的選擇，不必上級時時刻刻在後面監督。其實，這不是什麼新鮮的做法。在古羅馬時代，皇帝會派副帝到幾千里外治理新征服的領地。皇帝望著副帝坐的馬車越過山丘，知道多年後才會再見，因此他希望副帝心中的優先順序能與自己相同，並且利用可靠的方法來解決問題。要做到這點，只能透過文化。

公司文化是如何形成的？

我們每天幾乎都會聽到「文化」這兩個字，然而，每一個人了解的「文化」卻不盡相同。以公司為例，很多人都以工作環境中可以見到的一些特點，來定義一家公司的文化。例如星期五可以穿著輕鬆、休閒的衣服上班、公司餐廳有免費飲料，或是帶寵物上班。

但研究組織文化的頂尖學者、麻省理工學院夏恩教授（Edgar Schein）則解釋，那些特點只是表面現象，不能用來定義一家公司的文化。比方說有一家公司允許員工穿T恤和短褲上班，但他們的階級劃分非常嚴明，我們可以說這家公司的文化是「輕鬆、隨意」嗎？

文化不單指辦公室的氣氛或行事方針。夏恩對組織文化的定義如下：

文化是為了共同目標一起工作的方式。公司員工總是照著這麼做，而且做得很好，因此不會想到用其他方式來做。如果公司文化已經形成，員工就會自動做好必須做的事。

但這樣的本能並不是在一夜之間形成的，而是不斷分享學習的結果，也就是員工一起合作解決問題，看要怎麼做才能成功。在每一個組織，總會有第一次碰到問題或挑戰的時候，例如：「我們要如何處理這樣的客訴？」「我們是不是應該再做一次品質測試，之後再推出這項產品？」「我們應該優先考慮哪一個群體的顧客？」「哪些命令是我們該特別注意的，哪些則可以忽略？」「新產品是不是『品質尚可』就達到出貨的標準了？」

形塑獨一無二的文化

在這樣的問題或任務出現時，負責的人員一起討論，最後決定該怎麼做。如果有了成功的結果，例如只要「品質尚可」，顧客就滿意了，下一次員工面臨類似問題時，就會做出同樣的決定，或用同樣的方式解決問題。萬一失敗了，比方說，顧客對品質不滿意，不再購買該公司的產品，主管就會斥責員工，員工再度面對同樣的問題，就不會輕易採取原來的做法。因此，**員工碰到問題時，不只是解決就好了，還必須從解決的過程了解什麼是最重要的**。換言之，他們是否了解公司的優先順序，是否知道如何執行，這就牽涉到流程的能力。每一個組織的文化都是流程與優先順序的組合，因此是獨一無二的。

只要他們按照既定的方式去解決問題，組織的文化就會逐漸成形，員工下次做決定的時候，就能依照這一套內部的規則和指導方針。這個解決方式不一定要十全十美，只要行得通就可以了。如果他們以這樣的範例和優先順序來解決問題，每次都能成功，最後員工自然而

要培養孩子在心中設定
優先順序的能力，
就得透過家庭文化的建立。

然知道以後該怎麼做，不會被問題卡住，非得停下來討論該怎麼做才好。如果組織能形成這樣的文化，就能提高自我管理的效率。經理人不必時時監督員工，要他們遵守公司的規定，凡是應該做的，員工自然能夠做好。

不少公司都有強而有力的文化。以皮克斯動畫工作室（Pixar）為例。這家公司有高超的創意表現，製作出一連串經典動畫電影，如《海底總動員》（*Finding Nemo*）、《天外奇蹟》（*Up*）、《玩具總動員》（*Toy Story*）等。表面上看來，皮克斯似乎和傳統以平面創作的動畫工作室沒多大的不同，他們卻發展出獨一無二的文化。

齊力做出好電影

首先，皮克斯的創作過程很特別。很多電影工作室都有一個故事發展部門。決定採用什麼樣的點子之後，就交由導演進行製作。但皮克斯則不同，他們認為導演比較有動機去發展自己的構想，於是以導演為中心，其他人則協助導演實現他的構想。

皮克斯的故事發展團隊每天都會提出意見，增加影片創意的活水。這個過程包括坦率、毫不保留地說出自己的看法，即使不是參與實際製作的人也能發表意見。

儘管有些人的批評可能過於尖刻，但公司鼓勵每一個人誠實地說出想法。皮克斯所有成員都了解他們的共同目標：製作高品質、原創的電影。這就是公司優先順序當中排在第一位的。公司重視坦白的回饋與檢討，因為只有這樣，他們才能做出更好的電影。

這樣的流程與優先順序漸漸融入皮克斯的創意文化。他們按照這樣的方式推出一部又一部叫好又叫座的電影，每一個人都知道可以大膽提出批評意見，不必擔心如此一來是否會影響影片製作的進度。畢竟，拍出好電影才是最重要的。

然而，我並不是指每一家電影公司都可以採用皮克斯的工作模式。我們只能說，皮克斯的人用這種工作方式做得很成功，年復一年都有好成績。

皮克斯的員工不必問別人他們該怎麼做、如何做決定或取捨。從很多方面來看，皮克斯拜企業文化之賜，已成為一家可以自主管理的公司。**管理不一定要主管深入每一個決定的細節，文化幾乎也可算是管理的一個要素，公司裡的大小決策都有文化的影子。**

只要一家公司所處的環境不變，保有相同的競爭力和技術，文化可能是助力，然而如果環境遽變，一家公司也可能因為文化而難以改變。

解決問題，定義文化

從夏恩對組織文化的解說來看，主管可以為組織創造文化，但他們自己也必須遵守同樣的規則。首先是問題的定義：不管任何公司，都會一而再、再而三地碰到問題。接下來，主管必須要求一群員工一起研究如何解決問題。如果他們失敗了，就得想出更好的辦法來解決。如果成功，經理人則必須要求同一個團隊的人以同樣的方式來解決問題。有了多次成功的經驗之後，員工自然而然知道該怎麼做。任何組織的文化都是經由一再地重複而形成。這種解決問題的方式就形成組織文化。

很多公司都看出文化的價值，知道**促使員工做出正確決定的是文化，不是經理人**。一旦公司找到自己的文化，便會形諸於文，而且時時在公司宣揚。網路影片租借公司 Netflix（網飛）就很重視企業文化，花了很多時間定義自己的文化，並條列出來。Netflix 揭櫫的企業文化包括：

- 沒有請假規定：如果你能把自己的工作做好、確實負責，多常請假、一次要請多少天假都無所謂。
- 只要優秀員工：如果你做事馬馬虎虎、得過且過，那就等著領遣散費，公司樂得找一流人才來填補你留下的空缺。
- 自由與責任 vs. 命令與控制：好的經理人會給員工做決定的空間，讓員工自行做出最好的決定。

但是文化不是管理階級花時間和員工溝通、講述就可以形成的，**文化必須建立在員工做的一連串決定之上**。鑑於 Netflix 建立企業文化的成功，不少公司也發布聲明，對大眾宣告自己的文化，實際行事卻是另一回事。

說一套，還要做同一套

最有名的例子就是美國能源集團安隆（Enron）。這家公司因為從事複雜的衍生性金融商品交易，膨脹公司獲利，隱瞞巨額虧損，最後以破產收場，也成為美國史上最大的企業騙局。這麼一家公司也曾發表一篇題為〈遠見與價值〉的文章，標榜該公司的企業文化。

文中提出安隆營運的四大價值，也就是「尊重」、「正直」、「溝通」與「卓越」。根據《紐約時報》的報導，安隆如此解釋「尊重」：「我們對待他人就像對自己一樣。我們無法容忍侮辱或輕蔑。我們公司容不下任何殘酷、無情和驕傲。」

顯然，安隆公司打從最高主管到基層員工，沒有人在乎公司宣揚的價值。即使你沒有明白說出公司文化為何，文化還是會悄悄形成，因為文化是建立在組織的流程與優先順序之上。

至於一家公司的文化是否健康，你可提出這樣的問題：「在必須做決定的時候，員工是不是依照公司所希望的來做決定？這麼做得到的結果是否和公司的優先順序一致？」如果員工做決定的時候無所適從，不知道公司的期望為何，就難以建立好的公司文化。

家庭文化的建立

家庭和企業也有很多相似之處。經理人希望員工能以正確的優先順序來解決問題，父母也希望家裡有一定的優先順序，讓家庭成員得以解決問題，不管父母是不是能在孩子身邊指導或監督。如此一來，孩子就不必猜測父母可能會希望他們怎麼做，他們自然知道該怎麼做，畢竟他們已了解自己的家庭文化會希望他們怎麼

文化就像自動導航裝置，
能讓孩子自然而然知道
怎麼做才是對的。

做：「我們家的人就是這麼做。」

文化可能是刻意營造出來，或是在無意間形成的。如果你希望家人都能在家庭文化的影響下，依循一定的優先順序行事，這樣的優先順序則必須和文化相合。例如你希望家裡有和善的文化，那麼在你的小孩第一次碰到與和善有關的選擇時，你就得幫助他們做決定。若是孩子沒這麼做，你就得針對這件事指導孩子，並解釋為什麼他們該採取和善的做法。

異中求同

家庭文化的建立並不容易。首先，你與配偶分別來自不同的家庭，你們的家庭文化可能有很大的差異。光是你們兩人要同意一件事已經很困難，再說孩子也有自己的態度和想法，因此你必須好好想想，你們家想要什麼樣的文化，並朝著這方向努力去做。

我和我太太克莉斯汀剛訂婚的時候已有一個共同目標，也就是建立我們想要的家庭文化。雖然我們並沒特別提到「文化」這個字眼，但那就是我們想要做的。我們希望孩子能互相關愛、支持，也希望他們能遵守上帝的戒律。我們希望孩子是和善的人，也希望他們熱愛工作。

這是我們為自己的家庭挑選出來的文化。每一個家庭也該依照自己的需要，挑選適合自己的文化。你所挑選出來的必然是你認為最重要的，然後再透過文化加強一些特質。

什麼樣的家庭文化就有什麼樣的活動，家庭成員也知道他們必須做到什麼。活動進行多次之後，家庭成員自然會了解該怎麼做。

讓孩子動手做

以我們家為例，我和我太太知道，**我們無法下一個指令給孩子，要他們熱愛工作，他們就能愛上工作**。我們的做法是想辦法讓孩子和我們一起做，而且使他們有樂在其中的感覺。例如，家裡有一、兩個孩子可以幫忙，我才會在庭院除草。雖然他們個子還小，操作除草機很吃力，也不見得可以幫得上忙。但這不打緊，重要的是我們一起做，而且我希望孩子認為自己是父母的好幫手。

不久，這便成了我們家庭文化的一部分。**這不是奇蹟，也不是幸運，而是透過活動設計達成的。**儘管只是做些像一起除草這樣簡單的事，也有成果。我們堅持孩子這麼做，也讓他們知道為什麼要這麼做。最後，我們也不忘謝謝孩子的幫忙。

記得在孩子還小的時候，我們沒有錢買完全裝修好的房子。現在回顧這段往事，才發覺那也是件好事。我們買下第一間房子時，因為手頭現金所剩無幾，無法發包給工匠來裝修，只好由我們兩夫妻和孩子自己動手做。

沒想到這樣的環境反而讓我們有豐富的機會，為自己的家一起努力。我們必須自己釘牆板、天花板、粉刷等。孩子也一起幫忙，就像平日幫忙除

每個家庭該依照自己的需要，
挑選適合的文化。

草一樣。我們設法讓工作變得有趣，而且記得感謝孩子的幫忙。這麼做還有一個正面的加強效果：後來孩子走進房間，看到牆壁，就會得意洋洋地說：「這道牆是我粉刷的。」或是說：「這是我用砂紙磨平的。」他們不但記得和我們一起工作有多好玩，也為自己的成就感到驕傲。正因如此，他們學會熱愛工作。

我們本來只是想一起解決裝修房子的問題，卻不知不覺建立我們的家庭文化。**家庭成員不斷地一起工作，不但能了解這個家的優先順序，知道對這個家而言什麼是最重要的，最後大家也知道如何解決問題。**

落實家庭內的規則

請注意，文化不一定可以按照你想的方式成形。問題是，你是否努力去影響文化。文化不是一下子就可以形成的，也不是你決定後，透過溝通，就可以發揮效用。**如果你要求孩子怎麼做，或是告訴配偶你打算怎麼做，一定**

要確實執行。不可以說一套，做一套。每一個人的生活壓力都很大，每天都有做不完的事，規則的執行或許對父母而言要比對孩子來得難。儘管父母的用意良善，然而因為過於疲累而無法執行自己立下的規則，懶惰或反抗的文化於是悄悄潛入家庭之中。

孩子可能因為毆打兄弟姊妹或跟父母頂嘴，而自以為了不起。如果父母放縱這樣的行為，也就建立負面的家庭文化，讓孩子以為這個世界就是這樣，他們可以用這種自以為了不起的方式達到目的。

因此，在孩子還小的時候，你就必須慢慢教導他們什麼是真正了不起的事，並且讓這樣的事成為家庭文化的一部分。例如，我兒子小時候曾告訴我們，班上有人霸凌其他孩子，大家卻都袖手旁觀。

雖然和善是我們訂立的目標，但還未成為家庭文化，於是我們把孩子找來，告訴他們我們家的座右銘：「我們希望大家都知道：克里斯汀生家的人都是和善的人。」我們不但討論這事，也教孩子該如何幫助那個被霸凌的小朋友。兒子每次幫助同學或者對別人好，我們也稱讚他做得不錯，終於使和善成為家庭文化的一部分。

多年後，我們看到想要的成果：我們家的孩子每一個都成為真正和善的人，不管他們在哪裡都對人厚道、親切，願意伸出援手。孩子面對類似的問題時，我總有自信，他們可以做得很好。

審慎踏出每一步

同樣地，我們所選擇的家庭文化不一定適用於每一個家庭。重要的是，**我們必須了解文化是如何形成的，你才有機會建立自己想要的家庭文化**。我們可以回想前面討論過的策略，以使深入了解這點。

儘管我們對人生有審慎的計畫，也會面臨突發的問題和機會。我們的計畫與機會都需要資源，也需要付出時間、精力和能力，然而，我們要如何決定優先順序？

以我自己的生涯規劃為例，我的審慎計畫是想成為《華爾街日報》的編輯，但在其他機會浮現之後（包括教書），不得不把這個計畫放在一旁。然而，儘管我的人生充滿波折，每一個選擇都是我審慎做出來的決定，我不是在命運中隨波逐流的人。

你也可以用同樣的方式來看自己的家庭文化。每一個孩子都有自己的興趣，追求的目標也大不相同，你該樂於見到每一個孩子都有不同的發展。然而，我還是建議家庭文化要有一定的原則。好的家庭文化將是一個家庭快樂和驕傲的源頭。

好的家庭文化將是一個家庭快樂和驕傲的源頭。

從小扎根

要做到這點，你必須隨時留心孩子是否能明辨是非。以家庭成員採取的行動為例，想像這樣的事將一再發生，然後想想：這是可以允許的事嗎？像是孩子吵架，你並沒親眼看見，其中一個哭哭啼啼地來向你告狀，你要如何反應？你把另一個孩子修理一頓？告訴正在哭的那個吵過就算了？還是把兩個都叫來處罰？或者你說，吵架是你們自己的事，別來煩我？不管你採取什麼解決辦法，下次你的孩子吵架，他們就知道會有什麼樣的結果。如果你不管他們，即使他們去朋友家作客，也會吵起來。

有很多父母發現孩子長成青少年，自己也步入中年，由於沒在孩子小時候糾正他們的行為，有些不好的特質已經變成家庭文化的一部分，來不及導正。孩子的不良行為一旦潛入家庭文化，就難以改變了。

* * *

所有的父母都希望孩子能在關鍵時刻做出正確的決定，即使自己不能在孩子旁邊監督，也能放心。最有成效的辦法就是建立好的家庭文化。文化就是家庭成員的行為指導方針。

組織的文化是由一群人一起努力，不斷用同樣的方式解決問題而形成。家庭文化也是：在你與家人第一次面對問題，或必須完成某件事情時，你們解決問題的方式就會漸漸變成家庭文化的一部分。

家庭文化不只是糾正不良的行為，還包括在孩子做得好的時候給予獎勵。你的家庭重視什麼？創意？努力？進取的精神？慷慨大方？還是謙虛？孩子是否知道做什麼事可以得到父母的讚美？

文化就像一種自動導航裝置，讓孩子自然而然知道怎麼做才是對的，因此我們千萬不可小覷文化的力量。然而，為了使文化發揮成效，你必須仔細設定這種自動導航裝置，也就是在家庭中建立你想要的文化。

如果你在孩子還小的時候並未特別注意這點，家庭文化依然會成形，只是結果不一定是你想要的。如果你沒刻意糾正孩子懶散或是不尊重別人的行為，幾次下來，這樣的行為還是會成為家庭文化的一部分。如果你在孩子努力解決問題時稱讚他們，將來孩子就不怕面對問題，這也是家庭文化之賜。

雖然父母很難做到每一次的做法都保持一致，有時也會在孩子做得很好的時候忘了給予正面的回饋，然而，還是可以把握每一次親子互動的機會，因為每一次的互動都有助於家庭文化的建立。家庭文化一旦成形，就難以改變了。

PART 3

遠離監獄

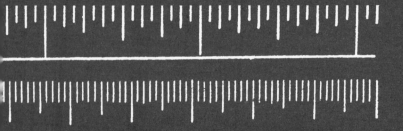

通往地獄的路是平坦的——這條路沒什麼坡度、路面軟軟的、沒有急轉彎、沒有里程指標，也沒有路標。只要你踏上這條路，保證可以順利抵達目的地。

——路易斯（C. S. Lewis）

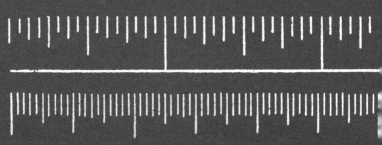

至此，我們已經討論過不少理論，了解如何面對工作生涯和個人生活的挑戰並獲得快樂。

然而在本書的最後，我希望用一個理論來討論如何堅守人生原則。雖然這部分占的篇幅很少，但我相信這點一樣重要，而且放諸四海皆準。

我無法預期各位會面臨的種種情況和道德難題。畢竟每個人的人生境遇大不相同。我將在這裡探討的是兩種不同的思考方式，即全面思考與邊際思考。希望各位讀了之後能回答這樣的人生問題：我如何知道，我過的是有原則的人生？

9

就這麼一次……

大多數人都以為，生命中出現有關倫理的重大決定時，眼前會出現像是不斷閃爍的霓虹燈警告：「請注意，你將面臨重要決定。」不管我們多麼忙碌或會有什麼樣的後果，幾乎每一個人都相信，在那命運轉變的一刻，他必然會做出正確的決定。畢竟，你認識的人大都認為自己不是隨隨便便、沒有原則的人。

問題是：人生很少如此。你根本看不到任何警告標誌。大多數人每天都會面臨一連串小小的決定，然而經過一段時間之後，你會發現，這些決定卻有非常深遠的影響。

企業的經營也是如此。沒有一家公司故意要輸給競爭對手。公司主管所做的決定似乎沒什麼害處，卻不知不覺走上毀滅之路。本章將解釋這是如何發生的，讓你避免落入最詭詐的陷阱。

一九九〇年代末期，在美國影音出租連鎖業獨領風騷的，就是百視達（Blockbuster）。百視達的分店遍布全美各地，幾乎獨占整個租片市場，可說是影音出租業的巨人。百視達投下重金讓所有分店的庫存影片不虞匱乏，然而如果片子都在架上，公司便賺不到錢。只有顧客來租片，店員掃描條碼，讓客人把片子帶走，百視達才能賺到租片費。如果顧客很快把片子看完、歸還，店員才能把同一片DVD租給下一個客人。影片流通率愈高，公司收益愈多。

為了使顧客趕快還片，百視達訂立的延遲還片罰金很高。若不這麼做，片子便會一直擺在客人家裡，無法租給其他客人，公司就賺不到錢。不久，百視達發現，顧客都把還片當成苦差事，於是又增加延遲還片的罰金。根據分析師估計，百視達收益的七成都來自這類的罰金。

在這種背景之下，有一家規模很小的租片公司Netflix想出一個新點子：我們何不把DVD寄給顧客，他們就不必上門租片和還片？Netflix的商業模式得以獲利，正因他們的做法和百視達恰恰相反。Netflix的顧客只要付一筆月費，每月便可看若干支片子。如果顧客愈忙，愈沒時間看片，公司就可賺更多錢。如果DVD一直在客人家裡沒有歸還，Netflix就不必付還片的郵資，也不必寄出下一批片子。

Netflix以小搏大

Netflix這種模式非常大膽，可說是影片出租業小蝦米對抗大鯨魚的故事。百視達擁有數十億美元的資產、員工多達數萬人，而且是影片出租的第一品牌，提到百視達可謂無人不知、無人不曉。如果資源豐富的百視達決定擴展業務，從事影片郵寄業務，像Netflix這種成立不久的小公司必然一下子就被打垮了。

但百視達並沒有這麼做。

到了二〇〇二年，Netflix已展現潛力，營收達一億五千萬美元，利潤高達三六％。百視達的投資人開始緊張了——顯然，Netflix確有兩把刷子。很多人對百視達的主管施壓，要他們仔細評估這個市場。

邊際思考的陷阱

百視達真的這麼做了。他們比較Netflix與自家公司的營收數字，得到這麼一個結論：「放心！Netflix威脅不了我們的。」Netflix瞄準的市場很小，也許這個市場將來會變大，但目前還看不出有撼動百視達的潛力。再說，雖然Netflix的利潤很高，還是不如百視達的表現。就算百視達決定把Netflix這家小公司打垮，對百視達而言也只是錦上添花。百視達的發言人說：「我們的考量是全方位的，包括顧客取得影片的所有方式。從長遠來看，Netflix的做法並不可取。線上租片服務只是一小塊市場。」

雖然Netflix只攻下這一小塊市場，他們已心滿意足。反正，他們從零出發，不需要和業界的巨人相比。

因此，誰是對的？

到了二〇一一年，Netflix幾已招攬到二千四百萬名顧客。百視達呢？這個租片巨人已在前一年倒下，宣告破產。百視達依照財務分析和經濟學基本課程教授的原則，也就是在評估是否做另一種投資時，我們應該忽略沉沒成本（無法回收的各項支出）和固定成本（成本總額在一定時期和一定業務量範圍內，不因業務量增減變動而保持不變的成本，如店租、人事薪資費用、設備費用等），以邊際成本和邊際收益做為決策的依據（亦即新的支出和收入），來考慮是否進行某項投資。

被過去綁架

但這種思考方式很危險。在這種思路下，一家公司可能偏好過去成功的模式，無法創造出未來成功所需的能力。

如果未來和過去如出一轍，這種做法當然沒有問題，然而，**如果未來將不同於以往，墨守成規幾乎等於自尋死路。**

百視達以邊際透鏡來看DVD租片郵寄業務：也就是以自我為中心，來看租片業。一開始百視達當然處於有利的位置。在他們眼中，Netflix的業務模式一點都不吸引人。更糟的是，如果百視達也搶奪這一小塊市場，將會危害到自己原有的生意。沒有任何一家公司的執行長能對投資人說，他打算投資一樁新的事業，而這項事業會害原來的生意萎縮。如果這項事業的獲利遠小於公司原來的收益，只有傻瓜才會去做吧。

反之，Netflix沒有這樣的顧慮。他們沒有過去的業績壓力，也沒有邊際思考。這家公司以全新的眼光來看自己的機會，不必擔心現有分店的業績，不必一心一意要達成過去的利潤。換言之，他們沒有任何包袱，只有大好機會……百視達應該嗅出這個商機，但他們沒有。

> 一旦你做出一個錯誤的決定，
> 採用邊際思考一路走下去，
> 終點幾乎總是失敗。

邊際思考使百視達相信，自己只要顧好原來的業務就好了，不必涉足租片郵寄市場。畢竟，他們經營實體影片出租已有數十億美元的營收和六六%的利潤。沒想到市場多變，沒多久Netflix的業務急起直追，幾乎吃下整個市場，迫使百視達面臨破產的命運。因此，面對新的經營模式和新的市場，絕不可拘泥於這樣的思維：「我們如何保住原有的生意？」

反之，百視達應該這麼想：「如果我們沒有用原來的業務為基礎，如何開拓新的市場？我們要怎麼做才能給顧客最好的服務？」百視達做不到，只好把租片龍頭拱手讓給Netflix。百視達由於採用邊際思考，再怎麼拚命還是保不住原來的市場，終於在二〇一〇年宣告破產。

全盤皆輸

其實，這種事屢見不爽。如果你採用邊際思考，一路走下去，終點幾乎總是失敗。因為一個錯誤的決定，最終得付出全部的代價。

有關邊際思考造成的破壞，另一個最有名的例子是鋼鐵業。美國鋼鐵公司是全世界最大的傳統鋼鐵工廠。他們發現紐柯鋼鐵以低階產品切入市場，即密切注意這個競爭者的動靜。紐柯採取不同於傳統鋼鐵工廠的做法，創立了新型的工廠，也就是所謂的「迷你鋼鐵廠」（mini-mill），製造價格低廉的低階產品來搶市。

紐柯對美國鋼鐵公司形成威脅時，美國鋼鐵公司有一群工程師聚在一起討論，認為美國鋼鐵公司如果要生存下來，就得放下身段、見賢思齊，建造紐柯那種迷你鋼鐵廠，才能在業界保有競爭力。這些工程師還擬定了一份計畫書：如果他們建造新的迷你鋼鐵廠，每英噸的獲利率將可提高六倍。

每一個人都同意這個計畫不失為公司獲利的契機，只有首席財務長持反對意見。他看到計畫書上提到建立新廠的成本，便踩了剎車。「為什麼要蓋新的廠房？我們原有廠房產能還剩下三〇％。如果要多賣一些產品，在原有的廠房製造不就得了？如果我們在原有廠房多生產一英噸的產品，由於邊際成本很低，邊際收益要比蓋全新的迷你鋼鐵廠多出四倍。」

這位首席財務長一樣落入邊際思考的圈套。他的盲點是：如果利用原有廠房，生產鋼鐵的基本成本是不變的。建造全新的廠房雖然必須付出前期成本，但公司因此擁有新的、重要的能力，有利於未來的發展[*]。

不行動的代價

這些個案研究讓我了解一個矛盾的現象。我幫助過不少如百視達和美國鋼鐵這樣卓然有成的公司，教他們如何面對技術創新、來勢洶洶的新公司。一旦他們的主管了解競爭對手帶來的威脅，我就告訴他們：「好。現在的問題是，你們的銷售人員不能賣和對手一樣的創新產品。你們必須以不同

---

*注：美國的迷你鋼鐵廠是全世界效率最高、成本最低的鋼鐵廠，生產每英噸鋼成品的工時，約只有傳統鋼鐵廠的四分之一。與品質、價格相同的產品相比，迷你鋼鐵廠可節省一五%的成本。

的訴求，把東西賣給不同的顧客。也就是說，你們必須建立一支新的銷售團隊。」

他們則回應：「教授，你太天真了。你不知道建立新的銷售團隊要花多少錢。我們只能利用原來的銷售團隊。」

於是我說：「你知道你們的品牌嗎？你們不能用原有的品牌去對抗這種創新的產品。你們必須建立不同的品牌。」

但創新者的思考方式完全不同。他們說的是：「是時候了。我們現在必須建立一支新的銷售團隊。」或是「我們該打造新的品牌了。」

這就是矛盾所在：為什麼擁有很多資金的大公司認為新計畫太昂貴，因而裹足不前？而那些剛起步、沒多少資金的小公司卻願意勇往直前？

關鍵就在於邊際成本和總成本的認知。每當大公司主管必須決定是否投資某項新事業，總會面臨兩個選項：一個是製造某種新產品的總成本，另一個則是利用既有人員或設備，如此一來則只牽涉到邊際成本和收益。幾乎所有主管都會不由得地傾向邊際思考。然而，以剛進入市場的新公司為例，他們並沒有這樣的選項，如果事業值得發展，他們就花成本去做了。對他們而言，總成本等於是邊際成本。

在競爭之下，這樣的理論會使大公司繼續採取原有的營業模式。然而，一旦他們失去競爭力，也就全盤皆輸。

正如亨利．福特（Henry Ford）所言：「如果你需要一部新的機器，又不願購買，最後你會發現，你雖然沒買，還是必須付出代價。」

因此，邊際思考非常危險，不得不慎。

一個又一個「下不為例」

上述邊際成本的論述，也可用在是非的選擇上。這也就是我和學生討論的第三個重要的人生課題：你這一生如何堅守原則，以遠離牢獄之災。我們常用邊際成本

只要妥協一次，
暫時放下自己的原則，
往往會面臨痛苦的後果。

來思考是否做一件事，因此告訴自己：「就這麼一次，下不為例。」似乎這不是什麼大不了的問題，然而總成本往往非常可觀。

我們在個人生活中，常常不知不覺運用邊際成本的思維。我們的腦袋響起一個聲音：「我知道原則是這樣，大多數人都不該破壞這樣的原則。但這次因為情況特殊，情有可原，就破例一次吧。」這麼說似乎沒錯，而且只有這次破例，應該沒什麼關係。但這種想法就像一個黑洞，會把你吸引進去，讓你看不到最後要付出的代價有多大。

近年來也可看到許多原本受同事、同僚敬重的人，因為犯錯而墜入萬丈深淵。

在政治圈，不乏位高權重的人士做了不可原諒的事。在他們決定踏入政壇之初，應該完全想像不到自己會做出這樣的事。華爾街也是，常傳出內線交易的醜聞。

據我所知，就有數十個受全世界年輕人景仰的明星運動員被逮到服用禁藥，或是個人行為不檢，最後不得不放棄運動生涯。即使是奧運金牌得主，只得黯然歸還獎牌。全國大報的記者也有一些被抓到報導不實。他們在截稿的壓力下，以聳動的筆法編造事件細節，譁眾取寵。

這些人在踏上生涯之路時，對自己的工作應該都抱有很大的熱情。沒有任何一個年輕運動新秀會想到，自己竟利用作弊的手段獲勝。運動員相信，只要夠努力，必然能等到光榮的一刻，但他們不免會碰到投機取巧的機會，誘惑的聲音在耳邊響起：「就這麼一次……」。

一失足成千古恨

年僅二十六歲的霸菱銀行新加坡部門首席交易員李森（Nick Leeson）就是最值得令人警惕的例子。他在一九九五年因為投機交易，致使這家有兩百多年基業的英國投資銀行出現十三億美元的虧損。在東窗事發之後，霸菱銀行就此倒閉。李森事後談到自己就是被邊際思考誤導，才會踏上這條毀滅之路。以後見之明來看，一開始只是一個小錯誤，但李森不願認錯，不斷竄改交易，掩飾虧損，因而演變到紙包不住火的地步。

李森起初誤判市場行情，但他拒絕認賠出場，接連賭了好幾把，希望能彌補先前的虧損。沒想到，他手氣不好，每次都押錯籌碼。於是他偽造帳冊，誤導稽核人員，企圖瞞天過海。

案發後，李森離開新加坡，逃往歐洲，最後在德國被捕。由於李森虧損的金額已是銀行可交易資金的兩倍，霸菱銀行不得不宣告破產，以一英鎊賣給荷蘭的ING集團。霸菱銀行一千兩百名員工因此失業，有些還是李森的朋友。最後，李森被判在新加坡監獄服刑六年半。

這個事件的起點只是一個交易員犯了一個錯，不想讓上司知道，沒想到竟使一家有兩百三十三年歷史的商業銀行倒閉。交易員本人因詐欺被判刑，在服刑期間，妻子也跟他離婚了。在李森最初做決定時，完全想不到自己會

下不為例的想法就像黑洞，
把你吸引進去，
讓你看不到要付出多大代價。

一手促成這麼大的災難。這正是邊際思考的危險。

他告訴BBC：「我想要的……就是成功。」但他的動機並不是致富，而是被視為成功的人。當第一次交易失敗，他擔心自己就要一敗塗地，因為害怕，他說謊、掩飾、企圖再賭一把……，沒想到他長久計劃的成功之路，竟是通往新加坡監獄。在他踏出第一步時，完全看不到任何讓他回頭的警示或界線。第一步總是一小步，既然已踏出去了，為何就此打住？李森描述自己踏上這條黑暗之路的感覺：「我想站在屋頂上嘶吼……情況已經演變到無可收拾的地步。我想阻止，但就是無能為力。」

衝入深淵，無法回頭

這就是邊際思考的危險。因為情況特殊，你認為就這麼一次破例，往後你還是會堅守原則。但就這麼一次，你已無法回頭。我想，李森必然回想過無數次，自責為何犯下第一個錯誤。李森走的那條路，一開始他似乎覺得沒什麼，等到停不下來，他才膽顫心驚，最後跌入萬劫不復的深淵，失去一切，包括自由、婚姻和工作。

有很多人都相信自己真的只是一次妥協，下不為例。如果是小小的選擇，我們都有好的理由。這些選擇往往不是攸關一生的重大決定。乍看之下，邊際成本幾乎都非常低。然而，一個又一個決定累積下來，你不由得走上一條不歸路，讓你變成另一個人。我們本能用邊際成本來思考，殊不知你必須為你的行動付出多大的代價。

這條不歸路的起點總是一個非常小的決定。你認為這個小決定關係到一件大事，你不得不放棄自己的原則。好了，等到你完成這件大事，你又覺得這件事其實也沒什麼了不起。等你走到盡頭，你才會後悔再也無法回頭了。

我在英國求學的時候，開始了解不能堅持原則，為了「就這麼一次」可能必須付出多大的代價。那時，我是牛津大學籃球校隊的一員。我和隊上每一個人都成了莫逆之交，整個球季和他們拚命苦練。這樣的辛苦終於看到成果——我們一路打到全國賽前四強，正如現在令美國人瘋狂的全美大學男籃冠軍賽（NCAA）。

後來，我發現冠軍賽將在星期天舉行，為此好生苦惱。

我在十六歲那年即對上帝許下承諾，由於星期天是安息日，我將不在這一天打球。賽前，我去向教練解釋。他聽了之後不可置信。「我不知道你信的是什麼，」他說：「但我相信，你就這次破例，上帝應該會諒解的。」我的隊友也都非常驚愕。我是隊上的先發中鋒，而後補的中鋒因為在準決賽時肩膀脫臼，無法頂替我。每一個隊友都來勸我：「你非上場不可。難道不能為了這麼重要的比賽破例一次？」

一〇〇%的堅持比九八%容易

當時，我實在左右為難。我知道少了我，對隊友的衝擊很大。更何況，他們與我情同手足，參加冠軍賽一直是我們這一年來的夢想。

但我是個信仰極為虔誠的人，我只好請求上帝指引。於是我跪下來禱告，不久我就很清楚該怎麼做了，那就是遵守我對上帝的承諾。於是我告訴教練，我真的無法出賽。

不管從哪方面來看，這實在是很小的決定。我這一生有好幾千個星期天，這只是其中一天。理論上來看，我似乎該通融，允許自己破例一次，反正以後再守承諾就好了。但現在回頭看這件事，我發覺要抗拒「就這麼一次，下不為例」的誘惑，其實是我這一生最大的決定。為什麼？因為人生總有許許多多的情況要你妥協，讓你有「身不由己」之感，然而只要出現一次「下不為例」，總會再出現另一個「下不為例」。萬一我這次跨越界線，往後就會不斷地出界。

結果，雖然我沒上場，我們的球隊還是贏得冠軍賽。

如果你從邊際成本的分析來做決定，就這麼一次破例，最後你還是會後悔。這就是我學到的一課：百分之百堅守原則，要比九十八%來得容易。**如果你不越界，個人道德界線的力量將非常強大。要是你用好理由說服自己，那就成了一個沒有原則的人，什麼事都做得出來。**

好好想想你要堅守什麼樣的原則，然後絕不妥協。

* * *

一家公司考慮是否要投資某種創新事業，總會以目前營運的角度來看。他們拿既有的財務數字來做評估，如果邊際利益有限，可能因此放棄投資。這樣的思考有很大的問題。

這就是邊際思考的陷阱。你只看到投資必須投入的資金，看不到不投資所要付出的代價。你認為公司現有產品已經很不錯，投資新產品的利潤不高，但你沒考慮到另一家公司推出這種新產品，會對市場帶來怎樣的衝擊。你只是根據你從舊產品賺到的錢來做假設，以為未來也是一樣。

不管如何，你在做決定時，短期內仍看不到結果。在競爭對手還無法迎頭趕上之前，你也一直以為自己是對的。但如果一家公司都透過邊際成本的透鏡來看未來，最後將付出重大的代價。許多成功的企業就是因為不願在未來投資，裹足不前，最後慘遭市場淘汰。

人也是一樣。

你只要妥協一次，暫時放下自己的原則，往往會面臨痛苦的後果。如果你意識到第一步就有問題，有違原則，那就不要猶豫，請立刻回頭，轉身離去。

結語

你拿什麼衡量人生

很少人好好想過企業的目的及其使命，
這或許是企業挫折和失敗最重要的原因。
——杜拉克（Peter F. Drucker）

二〇〇九年秋季那個學期結束前幾週，我發現自己得了癌症——當年我父親也是死於這種癌症。我把這個消息告訴我的學生，我還告訴他們，也許目前的療法無法幫我克服病魔。過去幾年，我總會利用每學期最後一次上課的機會，與學生討論人生的重大課題，也就是本書討論的問題。我已經盡了力，但我想，班上學生可能只有半數有心想要改變，其他學生還是事不關己的樣子。

二〇〇九年，我為那個班級上課時，我希望班上每一個同學都能認真思索人生要怎麼過。我們一起討論，把理論套用在我自己和他們的人生。我發覺這個學期的討論帶給學生的影響比往年來得大。

我想原因在於，我要同學明確地把人生的目的說出來。

目的的重要性

其實，每一家公司都有自己的目的。這個目的就在公司的優先順序中，影響經理人和員工的決策，在每一個特別的情況，認定何者才是最重要的。在很多公司，其目的總會在應急策略中顯現——握有權力的經理人和員工認為，公司的目的在於幫助他們達成其個人目標，不管這個目標是什麼。對這些人來說，公司只是他們利用的工具。這樣的公司必然無法長久，世人很快就會忘了這種公司的存在，更不記得他們曾推出什麼產品、領導人是誰。

如果組織有明確、重要的目的，將可以帶來非常大的影響力。公司的目的就像燈塔，指引員工，讓他們全神貫注在真正重要的事情上。儘管公司換了一批又一批的主管或員工，這家公司的目的仍在。像蘋果、迪士尼、基博基金會在全美各地為弱勢學生設立的基博學校（KIPP School）*，以及印度的亞拉文眼科醫院（Aravind Eye Hospital）都是很好的例子。

如果沒有目的，對企業主管而言，任何商業理論都是有限的。即使他們可以利用理論預測某一個重大決策的結果，因為沒有目的當作根據，主管還是不知道什麼是公司想要的最佳結果。例如，我把我的創新理論提出給英特爾的葛洛夫與美國國防部的薛爾頓將軍參考，如果我不知道英特爾這家公司和國防部的目的，我提出的不過是另一個意見，不一定能派上用場。因此，目的是關鍵因素。只有明確了解一個組織的目的，才能好好地運用理論。

同樣地，**為了使本書的建議發揮最大的價值，你必須思考你的人生目的**。接下來，我將描述目的是如何形成的，最好的過程為何，並以我自己的經驗來做例子。

目的三部曲

對一家公司而言，目的的陳述包含三個部分。第一個部分，我稱之為「畫像」，就像畫家在畫油畫之前把要描繪之物用鉛筆畫出來。一家公司的領導人和員工希望自己的公司為何，投射出來的意象就像畫像一般。我之所以用「畫像」這個字眼，因為這不是員工在日後突然發現公司變成這樣子，而是經理人和員工共同的期待，未來希望得以建造出什麼樣的公司。

第二，如果一個目的有其效用，主管和員工都必須投入、努力，把公司變成先前描繪出來的樣子。目的不能只是紙上談兵。員工每次碰到必須做決定的時候，如果因為情況特殊，不能以公司目的做為最高指導原則，經過一番妥協，公司就走樣了，和畫像中的樣子有不少差距。

目的的第三個部分，則是經理人和員工用來評估進步的量尺。有了這樣的量尺，公司上下才有一個評量的標準，讓大家往同一方向前進。

這三個部分——畫像、投入與量尺——就是構成公司目的的三要素。如果一家公司想要具有影響力，絕對不能沒有目的、隨波逐流。目的不大可能突然顯現。這個世界充斥幻影、詭論，而且變化無常，如果任憑命運擺布，

✯**注：**KIPP是英文「知識及力量計畫」（Knowledge Is Power Program）的簡寫。此計畫由一九四四年兩名參與「為美國而教」計畫而投入教學工作的老師發起。基博學校的理念是培訓及提供優良教師和校長、致力於更多時間的學習，以及強調學業成績的文化，是企業與教育合作的良好典範，致力改善資源缺乏社區學生的教育。

還能有什麼作為？你必須仔細思考你的目的為何，選擇好了之後，就全力朝向這個目標前進。目的設定好了之後，是否能達到目的，就看公司如何因應機會與挑戰。偉大的企業領導人總是很重視目的的力量，認為自己的公司是否能在這個世界留下痕跡，目的就是關鍵。

企業界以外的領導人也是。帶領變革運動的領袖都對自己的目的有非常清楚的認知，如甘地、金恩博士、達賴喇嘛。很多致力於讓世界變得更好的社會組織也是，如無國界醫生、世界自然基金會、國際特赦組織等皆是。

> 目的不大可能突然顯現。
> 你必須仔細思考、選擇，
> 然後全力朝向目標前進。

但這樣的目的並不是自然降臨在他們身上的，你也不會一天醒來突然發現自己人生的目的。你想要成為什麼樣的人？你人生的目的為何？這是非常重大的事，你不可能聽天由命。你必須仔細思索、選擇和因應。你在這一生將會碰到許許多多無可預期的機會與挑戰，你會變成什麼樣的人，就看你如何因應。

所謂人算不如天算，人生總會出現許多無可預期的情況，我只得逐漸改變追尋目的的方式。有時，無可預期的危機和機會像一陣風，把我往前推向我所追尋的目標。其他時候，我則感覺像是逆風而行，舉步維艱。

我曾試著為我人生的目的下定義，也協助過很多朋友和學生這麼做。**了解目的三個構成要素，就是我知道定義目的最可靠的方式**。最後，請記住這是一個過程，而不是事件。我花了很多年的時間才了解自己的目的何在。但這趟追尋之旅讓我有不虛此行之感。我將以此做為背景，分享我如何了解人生目的的經驗。

我想變成什麼樣的人？

描繪出理想的自我畫像，可說是了解人生目的最簡單的一部分。這主要是一個思考的過程。

對我而言，我的起點就是我的家庭。大多數的人應該也是一樣。我很幸運生長在一個有強烈家庭價值觀的家庭，優先順序十分清楚，也深受家庭文化的影響。我們一家和樂融融，父母都是虔誠的教徒，他們不但是我最好的榜樣，也一直大力鼓勵我。早在我很小的時候，他們就在我心中播下信仰的種子。然而，直到我二十四歲，我才真正了解家庭與信仰對我的人生是多麼重要。

家庭與信仰深深影響我為自己描繪的圖像。我從家庭、聖經和禱告學到的東西，去了解上帝希望我變成什麼樣的人。

最後，就我的專業領域來說，我真誠地相信管理如運用得當，也是一個非常崇高的行業。因為管理可以幫助別人學習、成長、負責、得到別人認可的成就，並對團隊成功有所貢獻。我從管理學到的東西，也有助於我形成人生的目的。

總而言之，我希望成為這樣的人：

✰ 致力於改善別人的生活。

✰和善、誠實、寬容、無私的丈夫、父親和朋友。

✰不只是信上帝，而是完完全全相信上帝。

我知道很多人或許對自己有這樣的期待。這等於是為自己設立目標，也就是你認為你這一生最重要的事。然而，你必須落實這樣的目標，你為自己描繪的圖像才有價值。

發心投入

懷抱雄心壯志是一回事，但你要如何發心投入，讓你設定的目標指引你前行，每天都想到這樣的優先順序，在做事的時候有所取捨？

我二十幾歲的時候，有幸獲得羅德獎學金，得以到英國牛津大學深造。我在牛津才幾個星期，已經了解，在這樣的環境下，要堅持自己的信仰實在很不容易。但我還是決定，我必須為將來的自己描繪出一個理想的圖像——不但是我自己想成為的人，也是上帝要我成為的人。

於是，我打算每晚從十一點開始到午夜，暫時把課業放在一邊，認真地讀經、禱告。我在女王學院寒冷的宿舍裡，坐在暖氣旁的椅子思索信仰問題。我向上帝解釋，我希望知道我目前追尋的是不是正確的目標，這麼做對我生命的目的有何意義。我承諾，如果上帝解開我的疑惑，我將發心完成這樣的目的。我還說，如果我做的不對，也請讓我知道，我才能迷途知返，走上對的路。

我就坐在那張椅子上，讀一節聖經，然後思考這個段落的意思。這是對的嗎？這對我的人生又有何意義？接著，我跪下來禱告，問上帝同樣的問題，並再次做了承諾。

勇於修改自我畫像

為了變成自己理想畫像中的人，每一個人的過程都不同。然而，不管如何，你應該要能回答這樣的問題：我真的想要變成那樣的人嗎？

如果你覺得，你為自己描繪的畫像不對，你不想成為那樣的人，你就應該修改那幅畫像。若是你非常清楚，你真的想成為那樣的人，你就該盡最大的努力，成為那樣的人。我現在依然可以清晰回想起，自己當初一心一意想要追求那樣的目標。因為有那樣熱切的心，我才能在素描的圖像上色，使之成為成品。

我按照這個過程去做，我心裡已很清楚，我為自己描繪的圖像是對的，與我設定的目的相符，也就是成為和善、誠實、寬容、無私的人。在我眼前出現的這個圖像清晰無比，我確定這就是我想要的。我心中已無任何的疑惑。自此，我的人生起了真正的改變。

對我而言，為我自己想要成為什麼樣的人下定義很容易，但真要發心去做則困難多了。例如我在牛津的時候，如果我禱告、思考我未來想走的路，這段時間就不能拿來研讀計量經濟學。那時，我心中不時掙扎，擔心

如果覺得自己描繪的畫像不對，
你不想成為那樣的人，
你就應該修改那幅畫像。

自己沒花足夠的時間在課業上。

然而，如果我將每日禱告、反思的時間拿來研究迴歸分析，我將會後悔莫及。每年，我用到計量經濟學工具不過只有幾次，而我對人生目的的認知卻天天都可派上用場。這就是我所獲得最有價值、最實用的知識。

找到正確的量尺

人生目的的第三個部分，就是要了解人生是用什麼樣的量尺來衡量。以我而言，我花了很久的時間，才找到這把量尺，也就是我在牛津求學的十五年後。

有一天早上，我開車上班時，突然有股強烈的預感，覺得自己有希望在教會擔任要職。兩個星期後，我剛好得知我們那區的教會領導人不久將離開。我這才了解我為何會有那樣的感覺。

結果，我們的教會並沒請我擔任那個職務，而是請另一個人。我頓時大失所望。我不是非在教會擔任領導人不可，只是希望藉由這個角色，讓我們的教會更有力量。我想，如果我能擔任這個職務，必然能幫助更多的人。

由於事與願違，我足足有兩個月陷入沮喪：我明明可以做得很好，為什麼不找我？

所謂不經一事，不長一智。經過這個事件的衝擊，我才得以找到人生的量尺。我終於了悟，我們的心靈還是有局限，因而常有見樹不見林的缺憾。

如以管理的詞彙來解釋，警察局的長官必須檢視一段時間內各種型態的犯罪率如何，才知道自己的策略是否有效；而一家公司的經理人必須查看訂單的數量、營收、開支和收益，否則無法了解公司的體質如何。

簡而言之，**我們必須把很多結果加起來，才能看清全貌。**這雖然不是衡量事情最正確的方法，然而到目前為止最好的做法就是如此。

因為這樣的總合與觀點，我們才能了解階級的意義。如果一個人必須管理的人愈多，他在組織的重要性愈高。例如，掌管一家公司的執行長要比一個部門的總經理來得重要，一個部門的總經理又比銷售部的主任來得重要，以此類推。

現在，我們換用宗教的角度來看。上帝不需要任何統計學或會計學的工具，據我所知，祂也不需要組織圖。上帝在意的是每一個人的表現。祂的成就量尺就是個人。

因此，雖然我們有很多可以衡量人生的量尺，如職位有多高，管理多少人，或是獲得多少獎項、銀行帳戶有多少存款等，對我的人生真正重要的量尺只有一個，也就是我可以幫助多少人，幫他們變成更好的人。我在和上帝談心的時候，我們交談的重點，就是我能加強多少人的自尊或信心，我能幫多少人緩解痛苦。我相信上帝給我的使命，就是做好事和幫助別人。這就是我衡量人生的重要量尺。

有了這樣的了悟之後，我每天便積極尋求幫助別人的機會。我從此快樂得多，自我價值也大為提高。

上帝給我的使命，
就是做好事和幫助別人，
這是我衡量人生的重要量尺。

我這一生擔任的角色很多，包括人父、人夫、主管、創業家、公民以及學術研究人員。我不得不說，我這一路走來，人生目的就像指南針一樣，指引我前進。**如果我不知道人生的目的，就無法掌握人生的優先順序，浪費時間在不重要的事情上。**

陷入絕境

因為這樣的認知，我也才能熬過人生最困難的一個關卡。

去年，我的癌症治療暫時告一段落，進入緩解期，我於是和歐沃斯和狄倫開始著手寫這本書。

沒想到，才動筆不久，我因為腦部血栓，得了出血性中風。我的大腦書寫區和語言區因而受到影響，出現「表達型失語症」。我無法說話，也不能寫字，起初只能說出幾個簡單的字。

我是個教授，要是不能說話、寫字，我要怎麼教學生？

自從那天開始，我必須重新學習說話，一次只能學一個字。我心裡很著急，巴不得我的認知和語言能力能立刻恢復，但是我的進步速度卻很緩慢。我幾乎用盡所有的時間和精力，才能前進一丁點兒。

有生以來，我第一次把注意力完全放在自己的問題上。我就像被捲入一個不斷往下、令人麻木的漩渦。我這一生從未感覺如此萬念俱灰。我愈專注在我自己的問題上，愈覺得沒力。

人生最重要的一課

我了解自己來到了一個交叉路口。我可以不讓別人知道我的病，過著與世隔絕的生活，只專注在自己的問題上，但我也可以選擇另一條路。最後，我決定還是要把僅有的能力和體力，用在我設定的人生目的。**我不再只想到自己，而把焦點轉移到幫別人解決問題。結果，我終於可以擺脫沮喪，重新嚐到快樂的滋味。**

我向我的學生保證，如果他們能花時間好好思索人生的目的，他們就知道人生最重要的事是什麼。我要他們把握現在，因為**求學階段是思考這個問題最好的時機**。畢竟，離開學校之後，工作、家庭責任和追求成功可能會占去他們全部的時間，觀看人生的角度也會失之偏頗。

人生沒有目的，就像坐上一艘沒有槳的船，只能隨波逐流。我們在哈佛商學院教的東西，如作業基礎成本制度、衡量企業經營績效的平衡計分卡、核心能力、破壞式創新、行銷四P、競爭的五力分析等，長遠來看，這些重要的企業理論都不如立下明確的人生目的來得重要。

我相信，不只我的學生能從這樣的道理受益，你也是。如果你花時間找出人生的目的，我保證你會發覺那將是你學到最重要的一課。

* * *

我與歐沃斯和狄倫合作寫這本書的初衷，就在與各位分享人生成功、

快樂的祕訣。我們希望你能因此與家人和朋友發展出更深、更親密的關係——畢竟他們是你生命中最重要的人，值得你花時間和心血這麼做。

我們也希望你能因此決心堅守你設立的原則。最重要的是，我們希望每一個人能找到最重要的人生量尺，衡量之後，都有不虛此生之感。

請問：你要如何衡量你的人生？

致謝

用理論預測人生情節

克雷頓．克里斯汀生

很多企業研究人員、顧問、作家提供給我們一些靜態影像，好讓我們了解科技、公司和市場的情況。這樣的影像就像快照，企圖捕捉公司在某一個時間點的特徵或表現：有些是勝利者，有的則搖搖欲墜；他們也把鏡頭朝向主管，有的表現優異，有的則直教人搖頭嘆息。

不管有意或無意，這些快照告訴我們的訊息是：如果你也想要像那些成功的公司一樣強，就得見賢思齊，學習他們的做法。這些快照也告訴我們，誰是業界翹楚，誰則敬陪末座。但是我們幾乎不知道他們會有這樣的差異，也不知道將來會是什麼樣的景象。

我和我的同事、學生，則希望自己提供的是「電影」，不只是一張張的快照。這裡所謂的「電影」不同於你在電影院中看到的影片，而是我們在哈佛商學院討論的理論精華。這些理論描述事情是怎麼發生的，原因為何，也包括「情節」。我們在電影院看的影片總是充滿懸疑和驚奇，而我們的電影情節則是可預測的。你可把影片中的演員換掉，例如換成不同的人、公司或產業，然後再來看這部電影。你也可以自行決定影片中的演員採取什麼樣的行動。由於電影中的情節有理論根據，因此有一定的因果關係，你可預測每一種行動帶來的結果。

你打了個呵欠。太無聊了，是嗎？

模擬自己的人生

如果你喜歡看驚險刺激的片子，也許會大失所望。但對經理人而言，績效才是最重要的，他們可藉由這些理論來模擬，預測各種行動在短期和長期分別有什麼樣的結果。由於我們的理論就是情節，你可以不斷倒帶，回過頭來看，以了解前因後果。我們的電影還有一個特色，就是你可以藉以預測未來。你可以根據不同的情況改變計畫，再來看結果如何。

我深深感謝很多人的幫忙，我才得以發展出這樣的理論。謝謝博文（Kent Bowen）和史兆威（Willy Shih）這兩位教授教我認識什麼是理論，引導我利用科學方法在社會科學建立有力的理論。

我還要謝謝同事考夫曼（Steve Kaufman）、吉爾馬丁（Ray Gilmartin）和胡伯（Chet Huber）、我在哈佛和麻省理工學院博士班的學生，以及創見研究所（Innosight Institute）的合作夥伴。創見研究所的同仁是我所見過全世界最聰明、無私的人，每天利用我們的理論探討如何為企業界解決問題、開創成長機會。他們也發現有些研究無法解釋的情況或結果，然後幫我解決這些特例，並改善理論。我未曾想過此生有幸與如此傑出的人才合作，更想像不到我的學生可以成為我的老師。

很多人出書談論如何建立一個快樂、幸福的家庭，但他們的描述正像前述的快照——給我們看成功人士和幸福家庭的影像，加上一些失敗、不快樂的實例。他們也提供簡單的處方，要我們照著去做。但是，這麼做並不能保證可讓我們獲得成功和快樂。

我們在書中討論的理論，不只可用於企業管理，也可以解釋家庭與婚姻成功之道，幫助你找到真正的快樂。同樣地，我們也發現人生悲慘的根源。這意謂我們提出的理論就像上述的「電影」，不但可讓我們預見公司的未來，也可讓我們看到，人生在何種選擇與優先順序之下，會有什麼樣的結果。

向外學習，反求諸己

我之所以有這些靈感，主要源於數十年來我與諸多教友在耶穌基督後期聖徒教會的星期日崇拜。如果未曾參加過這種聚會的人，大概很難了解我們這個團體。我發覺我們受到的心智考驗類似我在哈佛的經驗，然而我們對性靈生活別有一番了悟。我們不但會從外界學習，也會反求諸己，思考要以什麼樣的標準衡量自己的人生。我何其有幸，能擁有這些了不起的朋友，讓我得以不斷學習，知道什麼是真正的永恆。

我也慶幸能找到像狄倫和歐沃斯這樣好的搭檔，一起完成此書。在我努力從中風復原時，他們耐心地勸誘我，讓囚禁在我腦中的意念得以被釋放出來，化為文字。我請他們加入的原因，是他們看世界的角度和我不同。即使我能說的話很有限，他們依然可以設法幫我表達我的看法，進行討論，最後得到穩妥的論點。

歐沃斯是我在哈佛商學院任教二十年來，所教過數千個學生當中最聰明的一個，但他謙遜、無私。狄倫則是最好的作家和編輯。你可從《哈佛商業評論》裡的每一篇文章看到她在編輯方面下的功夫。在寫書這段期間，我不但擁有得力的工作夥伴，他們也和我成了最好的朋友。我實在不知如何表達我對他們的感激。

我還要感謝我在哈佛商學院的助理史耐德（Emily Snyder）與史東（Lisa

Stone），如果沒有這兩位得力助手，我大概會成為一個糊里糊塗、心不在焉的教授。她們為我和她們遇見的每一個人帶來平靜、和善、秩序、祥和與樂趣。我和她們站在一起，總有相形見絀之感。

在本書寫作的過程中，我太太克莉絲汀和我們的孩子馬修、安妮、邁可、史賓賽和凱蒂，都對書中每一個段落提出他們的問題、意見與建議。我很高興他們這麼做，畢竟書中理念的發展與運用都和家庭相關。我們一起研究書中的理論，把這些理論當作電影，把影片中的人物換成自己，來預測行動的結果。沒想到這些理論對未來的預測十分精準。

我對他們的感激實在無法形容，因此我決定把這本書獻給他們——希望本書提出的想法能對各位讀者有所幫助，就像我們一樣獲益良多。

致謝 謝謝你改變我對世界的看法

詹姆斯．歐沃斯

我必須承認，三年前我才從一個遙遠的地方來到哈佛，正要到商學院就讀，如果你告訴我，我將在三年後與其他作者合作出版一本書……我必然不會相信你說的。如果你說，我們將把最嚴謹的企管理論套用在人生，藉以找到人生的快樂與滿足……我一定會哈哈大笑。

人生就是如此，有很多你意想不到的事。

我之所以有這樣的奇遇，實在要感謝我的良師益友——克里斯汀生教授。打從我坐在教室聽他上課的第一天，我的生命就起了變化。他一上課就告訴我們，愈困難的課讓他學到愈多東西，然後開始「電」我們（這是我們商學院的俚語，也就是老師在一上課的時候突然抽問一些很難的問題）。很不幸，我第一個被「電」到了。我還在整理自己的思路，說得支支吾吾的，但克里斯汀生教授耐心地等我說完，然後仔細解釋，並確定我們都了解答案了。我們就這樣上了一學期。

一位真正關心學生的老師

我何其有幸，跟這麼一位老師學習，他不但是真正關心每一個學生的老師，也是全世界最有智慧的人。我可以保證，如果你好好看他的書，一定能學到很多。他對周遭的人總是抱著真誠的好奇與關心。在我認識他的期間，他一直是如此。在學期中，他發現自己得了癌症。他在最後一堂課與我們分享他的感受和了悟，並在課堂上與我們討論本書提到的幾個人生課題。他的家人也來到我們課堂上。我們都不知道那是他在哈佛為學生上的最後一堂課。但癌症並沒有打倒他，他更下定決心要幫我們。

我心裡一直有個疑問：我到底做了什麼好事，才有這樣的榮幸與克里斯汀生教授一起寫書。我想起歌德的話：「**你不能以一個人的現狀來對待他，要按照他應達到的理想，你才能幫助他，使他成為一個理想的人。**」克里斯汀生教授讓我認為我在幫他寫書，其實是他在幫我。

克里斯汀生教授，我從你身上學到好多東西。謝謝你。除了我父母，你對我的幫助最大，你改變了我對這個世界的看法。

在寫這本書的過程，我還有幸認識另一個好朋友——狄倫。我和狄倫初次碰面時，非常希望她能幫我的忙。說來，她沒有必要幫我，她卻盡全力，毫不保留地幫助我。她是個意志堅定的人，有耐心、無私、有絕佳的幽默感而且冰雪聰明。能和她一起工作，真教我覺得幸運。每次我們碰到寫作的瓶頸，多虧她用智慧、幽默、鼓勵把我們拉出來。因此，有狄倫在，我們就不怕困難了。你不只知道她會支持你，還會幫助你順利度過難關。

狄倫，謝謝你，因為你的協助，這個寫作計畫才充滿樂趣。你是我們的最佳戰友。

我還要在此謝謝哈潑・柯林斯出版公司（Harper Collins）的海姆鮑許（Hollis Heimbouch），感謝他支持這個出書計畫，對我們有信心，而且不辭辛勞地協助我們。

我也要謝謝我們的版權經紀人史特恩（Danny Stern），謝謝他相信我們能寫出很棒的作品，並坦率地給我們意見。

在此，我要向許許多多的同事致謝，謝謝他們的忠告、回饋和建議：彼得梅爾（Wrede Petersmeyer）、魏瑟（Max Wessel）、惠勒（Rob Wheeler）、亞爾頓（Rich Alton）、歐吉爾（Jason Orgill）以及提安（Lucia Tian）。多虧這些傑出友人的幽默與耐心，這本書才會變得更好。要不是他們，我早就瘋了。他們真是全世界最棒的工作夥伴！

謝謝史耐德與史東不斷為我們打氣。因為她們的熱忱協力，我們才得以克服困難。

我還要感謝我在哈佛商學院二〇一〇年畢業班的同學。謝謝華利斯（Christina Wallace）提議請克里斯汀生教授為畢業班演講。此外，我也要謝謝我們的班代表多賓（Scott Daubin）和派翠克‧鍾（Patrick Chun），他們接受華利斯的建議，並安排演講事宜。我們都認為克里斯汀生教授在課堂上與我們分享的東西非常寶貴，應該讓更多的人知道。

感謝許多教授在哈佛給我的協助與指導。歐爾森教授（Peter Olson），謝謝你在寫作方面給我的指點與鼓勵。艾柏思教授（Anita Elberse），我對內容產業的了解和研究參考資料，主要來自你的課堂。還有許許多多在學校走廊上被我攔截的老師，感謝各位不吝與我分享你們的看法。最後，謝謝慕恩教授（Youngme Moon）給我們不少寶貴的建議。

我還要謝謝博茲管理與策略顧問公司（Booz & Co.）的朋友。謝謝他們的耐心和支持，尤其是下面兩位：傑克森（Tim Jackson）與惠義（Michele Huey）。沒有他們，我必然無法完成這本書。

克里斯汀生教授在本書第二章分享他和同學互相勉勵，驅使彼此去做有意義的事。我第一次聽到他說的時候，不禁露出會心的笑容。雖然我和克里斯汀生教授的年齡差了一大截，但在與他合作的過程中，我也有同樣的感受，覺得自己收穫很多。

有不少朋友也激勵我、向我挑戰，要我去做我相信的事。如果我不去做，他們絕不會放過我。在此特別感謝這些諍友：卡米薩（Taahir Khamissa）、班格尹（Anthony Bangay）、梅西爾（Gui Mercier）與狄東納（D.J. DiDonna）、薩耶迪（Kamy Saeedi），以及史密斯（John Smith）。

我也要感謝另外兩位共同作者的家人。為了這本書，我們不得不剝奪你們相處的時間，還不斷請你們看稿子，給我們意見。謝謝你們的支持。

謝謝我的父母米克和蘇西，還有我的妹妹妮琪。多謝你們的幫助、支持和關愛……，謝謝你們為我所做的犧牲。

最後，我還要感謝你，也就是正在讀這本書的讀者。謝謝你們傾聽我們在書中所述。我們把所有心血都灌注在這本書當中，希望各位能從中獲益。

致謝

此後，我沒做出任何讓自己後悔的決定

凱倫・狄倫

與克里斯汀生教授相遇，改變了我的一生。

我是《哈佛商業評論》的總編輯，二〇一〇年春，為了我們的夏季雙刊號，我一直在留意是否有比較特別的文章。我知道這一屆哈佛商學院畢業生在申請入學時，全球經濟情勢大好，前景樂觀；但在這個春天走出校門，他們將進入一個完全不可預知、詭譎的世界。於是，我與這個畢業班的學生代表派翠克・鍾聯繫，想知道他們有何想法。派翠克告訴我，他們這屆邀請克里斯汀生教授在畢業典禮上演講，聽到的人無不大受感動。

我隨即和克里斯汀生教授聯絡，問我是否可到他的辦公室談談他講給學生聽的東西。他欣然同意，我於是帶了部數位錄影機走進校園，希望把這次訪談的內容變成雜誌上的文章。

我走進他的辦公室時，只想到這些即將畢業的MBA學生。然而，與教授談了一個小時之後，他使我開始思考自己的人生。

我對自己的人生滿意嗎？

教授提出的每一個問題、討論的每一個理論，都在我心頭迴盪。之後幾個月，我一次又一次地看當初訪談的原始紀錄，另一方面也發覺自己的想法漸漸改變。我問自己：我真的把自己的資源用在最重要的地方嗎？我的人生策略為何？我可有人生目的？我如何衡量自己的人生？

我站在雜誌社的停車場，思索這些問題。花了幾個小時，我發覺我對自己的答案並不滿意。自從那時開始，我就決定改變我的人生，把焦點擺在家庭。我在二〇一一年春天向雜誌社遞出辭呈，之後花了好幾月的時間和克里斯汀生教授和歐沃斯合寫這本書。更重要的是，我因此有更多的時間陪伴丈夫和女兒。自從第一次與克里斯汀生教授碰面、訪談之後，我沒做出任何一個讓自己後悔的決定。

能與克里斯汀生教授和歐沃斯合作撰寫此書，實在是我的榮幸。我們三人不知花多少時間討論、辯論。我慶幸有這個寶貴的機會得以親炙教授的理論。我真是有福，才能與這麼傑出、親切、大方的世界級學者合作。

我也是在二〇一〇年春天與歐沃斯相遇。當時，我還無法想像我們即將一同踏上怎樣的旅程。和歐沃斯合作，你不得不提升自己的程度。我從他身上學到很多。我們一起度過難關、開懷大笑。他真是我遇見過最聰明、令人敬佩的人。這個寫作計畫完成之後，我最大的收穫之一就是和歐沃斯結為好友。我們足足有好幾個月的時間，一起為這個重要的目標灌注心血。

我要謝謝我在《哈佛商業評論》的同事，感謝他們支持訪談克里斯汀生教授的文章，也為我轉換生涯跑道打氣。我特別要謝謝我們的集團總編輯尹格納修斯（Adi Ignatius），打從一開始，他就全力支持我去採訪克里斯汀生教授。謝謝我們的執行編輯克里夫（Sarah Cliffe）給我的寶貴建議，讓我的文章變得更好。我們刊登的原始文章因為唐納文（Susan Donovan）的修改而臻於完備。謝謝普萊爾（Karen Player）的版面設計、李西（Dana Lissy）的協助與魏維格（Eric Hellweg）的網站刊載建議，使得更多讀者能看到這篇文章。

我還要感謝同事傑克（Christine Jack）不斷給我鼓勵，和創見研究所歐若夫森（Cathy Olofson）的幫忙。我也有幸擁有席爾柏曼（Tina Silberman）這樣的工作夥伴，沒人比她更能幹了。克里斯汀生教授的助理史東和史耐德也幫了我們很大的忙。謝謝版權經紀人史特恩在寫書的過程中不斷給我們引導和鼓勵。還要謝謝我的朋友寇圖（Diane Coutu）與我分享人生再造的洞見。我心中充滿無限感激，實在無法對上述這些朋友完全表達我的謝意。

我還要非常感謝網路科技之助，多虧有Skype、Google文件和Dropbox這樣好用的工具，住在倫敦的我，才能和住在波士頓的克里斯汀生教授和歐沃斯一起工作。歐沃斯甚至說，我們真該利用部落格討論我們如何運用這些工具建立絕佳的合作默契……這真是個好點子，希望不久之後能成真。

最後，我要特別感謝我的家人，謝謝我的父母比爾和瑪麗恩建立優良的家庭文化。我希望自己至少能做到他們的一半。至今，我和弟妹的關係仍很親密，就像最要好的朋友。

還有我的丈夫培瑞茲（Richard Perez）和女兒蕾貝卡和愛瑪。感謝他們支持我的寫作計畫和新設定的人生目標。他們毫不保留地支持我，給我靈感。謝謝上天的眷顧，讓我有這麼好的家人。因為他們，我才知道自己的人生目的為何。我知道我要用什麼來衡量我的人生。

《富比士》專訪

握緊船槳，航向有意義的人生

《富比士》特約作者
丹・修貝爾
Dan Schawbel

《你要如何衡量你的人生？》於二〇一二年出版後，影響了萬千讀者的生命選擇。

克里斯汀生教授在出書後接受《富比士》雜誌專訪，分享他撰寫本書的靈感、如何獲得真正的快樂，以及如何選擇生涯之路……

您這本書是根據您發表在《哈佛商業評論》一篇標題相同的文章寫成。請問您是在什麼啟發之下寫出這篇文章？幾年後又是在什麼因緣之下出版這本書？

其實，我完全沒有計劃要寫那篇文章，也不曾想過要出版這本書，都是我學生促成的。有幾個學生告訴我，包括我現在的學生和以前教過的學生，我在課堂上提供的思考訓練，對他們離開商學院之後幫助很大——不只是職業生涯，甚至對他們的個人生活也大有助益。

幾年前，畢業班學生請我講述我自己的研究。我在最後一堂課上說：整個學期下來，我們已經討論過所有的理論，今天我們不討論如何把這些理論運用在公司與企業經營，且讓我們將這些理論套用在自己身上。

當時，《哈佛商業評論》的編輯狄倫聽聞我在那堂課的討論，於是來辦公室找我。她問我，是否能把那次講課的內容寫成文章，發表在《哈佛商業評論》上？我本來沒想到這麼做，經她這麼一提，就決定寫了。她也幫忙讓這篇文章面世。此外，歐沃斯是那年的畢業班學生，他也說，那堂課讓他大受感動，希望能有更多讀者受益。

於是，我請他們兩位協助我，把那堂課的內容和我發表在《哈佛商業評論》的文章擴充、延伸成一本書。

為什麼許多成就卓越的人過得不快樂、對人生不滿足，他們如何改變？

我們在本書中特別指出一點，也就是資源分配的問題。幾乎我遇見的每一個人都想擁有圓滿的人生，但是不少很有成就的人在資源分配上出了問題，以至於無法從人生獲得滿足。

這個問題源自於他們對成就極度渴望，而且每當完成一件事，他們就有「得分」的快感：例如賣出一批貨、得到獎金、加薪或獲得升遷。他們覺得很棒，他們看到了成功，也彷彿嚐到了成功的滋味。於是，他們自問：「怎麼做才能一直這麼成功？」然後他們繼續做同樣的事。

問題是，這麼做最後不會為我們帶來快樂。**長遠快樂最重要的因素，是我們和家人、好友的關係。然而，這些關係很少為我們帶來「得分」的快感，比不上高成就者從職涯獲得佳績**。例如，你或許要花好幾十年的時間，才能欣慰地跟另一半說：「天啊，我們真的養育出很棒的孩子。」反之，如果你每天都把寶貴的時間都投資在工作上，你或許不覺得你的家庭生活有什麼改變。你的孩子一樣調皮，而你的另一半依然每晚等你回家。

因此，不把時間放在家人身上，好像不會有任何損失——但是等你發現情況不對，等你後悔，往往為時已晚。你和朋友失聯，你跟配偶離婚，連你的小孩和你都變得像陌生人一般疏離。

資源分配的問題也會發生在企業上——如果你研究企業災難的根本原因，就會一再發現，企業最後會經營不下去，通常是因為短視近利，忽略需要長期投資的關鍵要素。

第一步，也是最重要的一步，就是認清問題。

您是否同意：生涯成功之路不是筆直的？

我不會否定這樣的說法。有些人在很年輕的時候就知道自己要什麼，很早就瞄準目標，心無旁騖，努力向前，最後獲得成功。

我想說的是，儘管這樣的故事很多，但不是所有人生都這麼順利。以我來說，我的生涯之路就非常崎嶇，最後才從事學術研究和教學工作。

我還是大學新鮮人時，就立志進入我仰慕的《華爾街日報》當編輯。為了培養自己的經濟學和商學背景，我攻讀了經濟學學士、碩士，然後在哈佛大學取得MBA學位。

MBA第一年課業結束時，我寄履歷表到《華爾街日報》，應徵暑期實習編輯，卻沒接到任何回覆。我大受打擊。這時，有一家顧問公司給我實習的機會，雖然這家公司不是我嚮往的《華爾街日報》，但我知道，透過為客戶解決一些真正有意思的問題，我能學到很多東西。有了這樣的實務經驗，將來再去《華爾街日報》應徵，應該就更有希望了。

畢業後，我在一家企管顧問公司做了五年，然後在和太太商量過後，認為這正是我踏上熱愛的新聞工作之路時，一位朋友來邀請我，希望我和他一起創業。這個機會看起來千載難逢，我可不能錯過。我們在一九八七年成立這家公司，不久就碰上了股市大崩盤。一位公司原始股東把他的股份賣給一位創投家，這個創投家決定另派其他人來當執行長。於是，我被解雇了。

在被逐出公司的前幾個月，我曾跟哈佛商學院的兩位資深教授懇談，提到我心中悄然浮現的另一個念頭：我適合當教授嗎？那兩位教授都鼓勵我，說我有希望成為好老師。於是，我再度站在生涯的交叉路口前，在《華爾街日報》和學術路線之間徬徨。

我決定申請博士班。於是在被公司炒魷魚不到一週之後，三十七歲這年，我又成為學生。我完成博士學位後開始教書，以成為終身職教授為目標。儘管我因為人生之路出現急轉彎，而走上學術一途，但我已經了解自己要什麼。我必須採取審慎的策略，全心全意地往前走，我也一直這麼做。但是**在人生之路上，我不曾自我設限，總是留意新的機會。天曉得，下個轉彎會出現什麼**。即使現在我已經六十歲，在學術界待了二十年，我仍不免心想：是否該去《華爾街日報》應徵編輯了？

成功的生涯之路有時是筆直的，但更多時候是蜿蜒小徑。今天，有很多年輕人認為，通向成功的唯一道路是直線前進的。但是，只有某些情況是如此。如果你知道自己最愛的是什麼，因而擁有動機去追求並付出代價，那麼就會走上筆直的坦途。如果你還沒找到自己的最愛，千萬不要妥協，即使你因此走上曲折小路，最後也一樣能抵達終點。

要在目前的經濟社會中擁有競爭力，您認為最重要的技能是什麼？

並不是擁有某些技能就具有競爭力，重要的是獲得技能的能力。改變的步調愈來愈快，不只是科技，經濟也是。在任何環境之下，並非最強或最聰明的人最能存活，而是最能適應改變的人。在今天這個世界，要做到這點，就得擁有強烈的學習意願。

你得懷抱一顆謙卑的心，對將要進入社會的學生來說，這點尤其重要。在大學求學時，你向高高站在講台上的教授學習，在這樣的心智模式中，你認為那些教授是最聰明、最有經驗的人，一旦你畢業了，進入社會工作，遲早你也會成為別人眼中最聰明、最有經驗的人。

這種思維的陷阱是：你認為只有比你聰明的人才有資格教你。如果你這樣想，學習機會將會大受限制。**你得抱著謙卑的心，渴望從任何人那裡學到東西，才能有無限的學習機會。**

大多數人在大學畢業時還不知道自己想做什麼。您可否提出最重要的三個建議給這些人？

我的第一個建議是：找到真正能驅動你的力量。對於工作，我們多半聚焦於所謂的保健因素，如薪水多寡、職位高低等。但這還不夠。你必須找到真正喜歡的工作，這樣的工作讓你有機會承擔責任、完成有意義的事，讓你每天早晨起床都充滿喜悅。比起其他的事，工作占據了大多數我們清醒的時間，因此找到能真正激勵我們的事情格外重要。如果你樂在工作，工作自然做得好，也就特別具有優勢。

第二，關於生涯之路，你需要計劃。除非你找到真正願意投入一輩子的工作，否則還是要有轉換跑道的準備。在你的一生當中，總會遇見無可預期的機會和挑戰。這些機會和挑戰是考驗，但也可能帶來幸運，千萬不要因為埋首於原本的計畫，無法預見未來，而輕忽這些機會。

最後的建議，也就是我送給畢業班學生的忠告，或許，這也是最重要的一點：你應該找到自己的人生目的。你做的一切——包括你的職業生涯、你的個人生活或是你在何處擔任義工等——都與這個答案息息相關。

大學正是認清人生目的最好的時間點之一。當然，你在學校時，為了應付課業可能已經忙得焦頭爛額，但是如果你認為以後有更多時間和精力來思索人生目的，那就大錯特錯了。畢業之後，你或許再也沒有機會深入思考這個問題。

也可以說，這是我一生學到最有用的一課。我向我的學生保證，如果他們願意花時間好好思索人生目的，就會知道人生最重要的事是什麼。這必然是他們求學階段最重要的發現。

相反的，如果不想辦法釐清，他們就像坐上一艘沒有槳的船，只能隨波逐流，在人生的驚濤駭浪中載浮載沉。

修貝爾同時為美國人力資源機構「未來職場」(Future Workplace) 合夥人與研究總監，*Promote Yourself*、*Me 2.0* 作者。2012 年，他被《富比士》評比為 30 位最有影響力的 30 歲以下年輕人 (30 under 30) 之一。

財經企管 626D

你要如何衡量你的人生？

哈佛商學院最重要的一堂課

How Will You Measure Your Life?

作者 — 克里斯汀生（Clayton M. Christensen）、
歐沃斯（James Allworth）、狄倫（Karen Dillon）
譯者 — 廖月娟

總編輯 — 吳佩穎
責任編輯 — 鄭佳美、林妤庭、李桂芬
封面及版型設計 — 江孟達（特約）

出版者 — 遠見天下文化出版股份有限公司
創辦人 — 高希均、王力行
遠見・天下文化 事業群榮譽董事長 — 高希均
遠見・天下文化 事業群董事長 — 王力行
天下文化社長 — 王力行
天下文化總經理 — 鄧瑋羚
國際事務開發部兼版權中心總監 — 潘欣
法律顧問 — 理律法律事務所陳長文律師
著作權顧問 — 魏啟翔律師
地　址 — 台北市 104 松江路 93 巷 1 號 2 樓
讀者服務專線 — (02)2662-0012 ｜傳真 — (02)2662-0007；2662-0009
電子信箱 — cwpc@cwgv.com.tw
直接郵撥帳號 — 1326703-6 號　遠見天下文化出版股份有限公司

國家圖書館出版品預行編目 (CIP) 資料

你要如何衡量你的人生？: 哈佛商學院最重要的一堂課 / 克里斯汀生 (Clayton M. Chirstensen), 歐沃斯 (James Allworth), 狄倫 (Karen Dillon) 著；廖月娟譯. -- 第二版. -- 臺北市：遠見天下文化, 2017.08
面；　公分. -- (財經企管)
譯自：How will you measure your life?
ISBN 978-986-479-290-0(平裝)

1. 成功法 2. 生活指導

177.2　　106014264

製版廠 — 東豪印刷事業有限公司
印刷廠 — 柏皓彩色印刷有限公司
裝訂廠 — 聿成裝訂股份有限公司
登記證 — 局版台業字第 2517 號
總經銷 — 大和書報圖書股份有限公司　電話／（02）89902588
出版日期 — 2012 年 7 月 31 日第一版第 1 次印行
2024 年 2 月 20 日第六版第 2 次印行

定價 — NT$ 450 元
4713510944226（英文版 ISBN-13: 978-0-06-210241-6）
書號 — BCB626D
天下文化官網 — bookzone.cwgv.com.tw

天下文化
BELIEVE IN READING